분쟁 지역을 읽으면
세계가 보인다

국제정치 전문가 김준형의 세계 10대 분쟁 이야기

분쟁 지역을 읽으면 세계가 보인다

김준형 지음

날

일러두기

▶ 전쟁과 분쟁은 적절히 혼용해 썼다. 전쟁은 종전을 했거나 곧 종전될 것으로 보이는 것
  에, 분쟁은 종전의 가능성이 아직은 희박한 곳에 주로 썼다.

▶ 내전을 다룬 장에서는 정부군에 맞서는 사람들을 부정적인 의미가 강한 반군 대신 중립
  적인 '반정부군'으로 표현했다.

▶ 정당명을 비롯해 원어 병기가 필요한 곳에는 영어를 기준으로 표기했다.

저는 평생 외교·안보 분야를 공부했습니다. 20대부터 30대 중반까지는 '배움의 길'을, 이후 25년 동안은 '가르치는 길'을 걸었습니다. 방송 출연이나 강연 등의 주제도 늘 외교·안보에 관한 것이었습니다. 국제정치학은 너무 복잡해서 계속 공부해야 하지만, 너무 중요해서 저는 이 학문에서 떠날 수가 없었습니다.

지난해부터는 국회의원이라는 새로운 길에 들어섰습니다. 이제 대한민국의 외교와 안보를 위해 더 실질적인 노력을 할 수 있게 되었습니다.

여기까지 오는 동안 변치 않고 저와 함께한 단어가 있는데, 바로 '평화'입니다. "외교의 꽃은 평화다." 국회에 들어가면서 제 명함에 새겨 넣은 글귀입니다.

전쟁 없는 기간이
고작 200년

전쟁은 모든 것을 파괴하고, 사람들을 불행에 빠뜨립니다. 인류의 역사는 곧 전쟁의 역사라고들 합니다. 한 조사에 따르면, 인류 역사 중 5천 년만 잘라 놓고 보았더니 1만 5천 번의 전쟁이 있었고, 전쟁 없이 지낸 기간은 고작 200년에 불과했다고 합니다. 전쟁은 피할 수 없는 인류의 숙명이고, 인류가 사라지기 전에는 절대로 멈추지 않으리라는 생각이 들 수도 있습니다.

　이렇다 보니 외교를 잘하면 전쟁을 막을 수 있다는 말을 믿지 않는 사람이 많습니다. 그럼에도 우리가 기댈 곳은 외교밖에 없습니다. 외교는 비극적인 전쟁을 겪지 않고서도 국가의 이익을 챙길 수 있게 하고, 무엇보다 다른 국가들과 평화롭게 지낼 가장 바람직한 방법을 찾을 수 있게 하기 때문이죠.

　인류 역사에서 가장 파괴적인 전쟁으로 얼룩졌던 20세기가 지나고 21세기를 맞은 지도 벌써 24년이 지났습니다. 그런데 이 순간에도 전쟁은 계속되고 있습니다. 지난 몇 년 동안 신문 헤드라인을 장식한 러시아-우크라이나 전쟁과 중동의 전쟁은 말할 것도 없고, 덜 알려진 크고 작은 분쟁도 많습니다. 따라서 비극도 반복 중입니다. 누군가는 가족을 잃어 끝 모를 슬픔에 잠기고, 누군가는 고향을 등지고 비참한 난민이 됩니다. 굶주려 울부짖고, 부상으로 고통스러워하며 애타게 구조를 기다립니다.

　우리 역사를 돌아보면 우리도 많은 전쟁을 겪었습니다. 1950년에는 같은 민족끼리 싸우는 참혹한 전쟁을 경험했지요. 더욱이 그 전쟁으로 인해 '분단'이라는 비극을 안고 살아가고 있습니다. 미국·중국·러시아·일본 등 온통 강대국에 둘러싸여 있는 동북아시아에서 평화는 아직 멉니다. 언제라도 전쟁이 일어날 수 있는 위험 지역에 우리가 살고 있다는 점을 늘 기억해야 할 것입니다.

평화를 원하면
전쟁을 준비하라?

이 책은 세계를 큰 슬픔에 빠뜨린 분쟁 10가지를 엄선했습니다. 막 종전을 준비 중인 러시아-우크라이나 전쟁부터 끝날 듯 끝나지 않는 이스라엘-팔레스타인 전쟁까지 전 세계가 주목하는 분쟁들을 조명합니다. 많은 분쟁 중 이 10가지를 뽑은 이유가 있습니다. 3가지 공통점이 있어서입니다. 분쟁의 가장 전형적인 모습을 띠고 있다는 점, 단순한 원인이 아니라 여러 이유가 얽혀 있어 해결이 어렵다는 점, 그리고 외교를 통해서만 평화에 이를 수 있다는 점입니다. 이들 분쟁이 어떤 배경에서 일어났고, 어떻게 진행되었으며, 무엇을 남겼는지 살펴봄으로써 독자들은 결국 '평화'란 단어에 이를 것입니다. 평화를 위해 우리가 무엇을 해야 할지 질문하게 하는 것이 이 책의 목적입니다.

외교라는 방법보다는 군대나 무기 같은 힘을 이용해 평화를 찾거나 유지하려는 사람이 많습니다. 4세기 로마제국의 군사 전략가 푸블리우스 플라비우스 베게티우스 레나투스Publius Flavius Vegetius Renatus는 "평화를 원하면 전쟁을 준비하라"라는 말을 남겼죠. 군사력으로 평화가 가능하다고 믿는 사람들이 자주 가져다 쓰는 말입니다. 오늘날 강한 군사력을 주장하는 대다수 국가 역시 저 말에서 그 이유를 찾습니다.

이런 주장에는 함정이 있습니다. 힘을 이용한 평화는 서로 무기와 군대를 늘리기 때문에 충돌할 가능성도 더 커지게 한다는 것입니다. 적대감도 같이 쌓이니 그렇습니다. 평화를 지키려는 행동이 오히려 평화를 위협하는 아이러니한 상황이 벌어집니다.

이 책에서 다룬 10가지 분쟁도 배경은 조금씩 달라도 힘과 힘의 충돌이라는 점에서는 같습니다. 폭력은 피할 수 없는 인간의 본성이라고들 합니다. 꼭 그렇지는 않습니다. 인간에게는 폭력과 분쟁의 본성만 있는 것이 아니라, 평화와 협력의 본성도 있습니다. 전쟁을 멈추기는 매우 힘들지만, 포기하지 않고 꾸준히 노력하면 불가능한 일도 아닙니다.

누가 피해를 입을까

유사 이래 인류는 자주 전쟁을 통해 문제를 해결하려고 했습니다. 하지만 이 책을 읽고 나면 어떤 전쟁도 깔끔하게 끝나지 않는다는 사실을 알게 될 것입니다. 전쟁으로 무언가를 해결하려는 생각 자체를 하지 말아야 한다는 것이죠. 그리고 전쟁을 이용하지 말아야 할 가장 큰 이유는 대부분 전쟁에서 가장 큰 피해를 입는 사람이 부자나 권력자가 아니라 사회, 경제적 약자들이라는 사실입니다. 오래전에 방영된 사극에서 이런 대사가 나오죠.

> "전쟁은 가진 자들이 결심해서는 안 되는 것이다. 전쟁에서 죽는 것은 오직 가지지 못한 자들이기 때문이다. 전쟁은 늙은 자들이 결심해서도 안 되는 것이다. 전쟁에서 죽는 것은 오직 젊은이들이기 때문이다."

그렇습니다! 영토, 종교, 민족, 권력, 경제 등 갈등 원인이 무엇이든 지배층이 시작한 분쟁이나 전쟁은 어렵게 살아가는 피지배층을 더욱 사지로 몰아갑니다. 과거 사람들이 벌인 전쟁은 미래 세대를 불행에 빠뜨리고요.

국제정치이론 중에 '민주평화론'이 있습니다. 이론 핵심은 매우 상식적이고 논리적입니다. 독재국가에서는 독재자 한 사람의 이익을 위해 전쟁을 쉽게 일으키지만, 국민이 주권자인 민주주의 국가에서는 다수의 지지가 있어야 하는데 다수가 지지하는 전쟁은 거의 없다는 것입니다. 그래서 민주주의 국가는 분쟁이 일어날 가능성을 낮추고 평화 상태를 유지할 가능성이 높다는 이론입니다.

최근의 일로 저를 비롯한 많은 분이 다시 한번 평화가 얼마나 소중한지 깨달았으리라고 생각합니다. 유명한 국제정치학자인 조지프 나이Joseph S. Nye는 "평화는 산소와 같다"고 했지요. 평소에는 소중함을 모르다가 없어지면 바로 죽음에 이르게 하는 산소처럼, 평화역시 우리에게 그런 존재입니다. 우리는 산소 없이 살 수 없듯 평화없이 살 수 없습니다. 이 책이 조금이나마 세상의 평화를 회복하는데 도움이 되면 좋겠습니다.

도서출판 날과 오래전에 분쟁에 관한 책을 쓰기로 약속했는데, 이제야 지키게 되었습니다. 책이 나올 수 있게 도움을 준 분들에게 이 자리를 빌려 감사드립니다. 특히 여미숙 편집장과 박지용, 김진서 두 보좌관에게 감사드립니다. 두 보좌관은 미완성 상태로 오래 멈추어 있던 원고에 다시 힘을 불어넣어 주었습니다.

싱그러운 초여름처럼 우리 사회에 평화가 다시 생동하길 바라며, 이 책을 독자분께 보냅니다.

차례

러시아는 왜 우크라이나를 침공했을까

러시아 — 우크라이나 전쟁

2022년 2월 24일, 러시아가 우크라이나를 침공했습니다. 러시아가 반대하는데도 우크라이나가 나토NATO에 가입하려고 했기 때문이죠. 이게 무슨 얘기일까요?

우크라이나와 러시아는 이웃해 있어요. 그래선지 아주 오랜 시간을 한 나라였다 아니었다를 반복합니다. 18세기 후반엔 우크라이나 대부분이 러시아제국에 속해 있었고, 1922년 소련이 세워지면서 소련에 들어갑니다. 1991년 소련이 해체되면서 독립하고요.

러시아와 우크라이나 사람들은 같은 민족(동슬라브족)인 데다 언어도 서로 대충은 알아들을 수 있을 정도로 비슷해요. 그렇다 보니 결혼 등을 통해 친척 관계인 사람도 많습니다. 소련 시절엔 많은 러시아인이 우크라이나로 이주하기도 했고요. 러시아와 가까운 동우크라이나 지역에는 러시아인이 거주민의 30퍼센트를 넘습니다.

우크라이나 대학살의 기억

소련 시절 우크라이나는 비극적인 일을 겪습니다. 소련의 지도자 스탈린은 소련을 산업화하기 위해 농업 집단화를 시행합니다. 농업 집단화란 개인 농장을 없애고 농민들을 집단 농장에서 일하게 한 것을 말해요. 농민들은 강하게 반발했죠. 집단 농장에서 일을 열심히 할 마음도 들지 않았고요. 그러니 농사가 잘될 리가 없겠죠?

　소련 정부는 부족한 농산물을 우크라이나에서 거두어들이려고 합니다. 우크라이나는 토지가 비옥해 농사가 아주 잘되는 곳이었기 때문인데요. 우크라이나 사람들은 거의 모든 곡물, 심지어 종자까지 빼앗기고 맙니다. 그로 인해 1932, 33년에 우크라이나인 250만 명에서 350만 명이 굶어 죽는 대참사가 일어납니다. 이 사건을 **우크라이나 대학살**홀로도모르Holodomor이라고 합니다. 우크라이나에서는 지금도 11월 넷째 주 토요일을 '대기근 희생자 추모의

💬 어떤 역사학자들은 우크라이나 농민들이 농업 집단화에 특히 크게 반발해 정부가 이런 식으로 보복했다고 분석하기도 한다.

날'로 기억하고 있습니다. 그 정도로 이 사건을 뼛속 깊이 새겨 두었
죠. 반면 러시아는 우크라이나가 독립한 현재까지도 우크라이나를
같은 민족으로 여깁니다. 그야말로 동상이몽이죠.

▶ 1933년 굶주려 길거리에 쓰러져 있는 우크라이나 농민들

 홀로도모르 추모 광장에 세워진 소녀상

친러 대 친유럽

우크라이나 동부는 러시아와 친하고, 서부는 유럽과 친합니다. 여기서 거의 모든 문제가 불거지는데요. 대통령 성향에 따라 국민도 편이 갈리곤 했는데, 2004년 대통령 선거를 앞두고도 대통령 후보자 성향에 따라 국민이 둘로 갈렸습니다. 이런 분열은 사회적으로 큰 갈등을 겪게 했는데, 대표적인 사건이 일명 '오렌지 혁명'입니다.

2004년 우크라이나에서는 대통령 선거가 있었어요. 친러 성향인 빅토르 야누코비치Viktor Yanukovych, 친유럽 성향인 빅토르 유셴코

Viktor Yushchenko가 당시 유력한 후보자였습니다. 그런데 투표일을 코앞에 두고 유셴코 후보가 독살당할 뻔합니다. 야누코비치 측의 소행이리라 의심받죠. 우여곡절 끝에 선거는 치러졌고, 결과는 야누코비치의 당선이었습니다.

하지만 얼마 지나지 않아 부정 선거 사례가 발견됩니다. 키이우 등지에서 이를 규탄하는 대규모 시위가 일어나죠. 우크라이나 대법원과 중앙선거위원회가 개입한 끝에 다시 투표하게 됩니다. 이번에 당선자는 유셴코였습니다. 이 과정을 오렌지 혁명이라고 해요. 오렌지라고 하는 이유는 유셴코 지지자들이 오렌지색 깃발, 현수막을 비롯해 오렌지색을 썼기 때문입니다.

현재 제6대 대통령인 볼로디미르 젤렌스키Volodymyr Zelenskyy는 친유럽 성향입니다. 그래서 나토 가입도 강력히 밀어붙였죠. 나토는 북대서양조약기구NATO, North Atlantic Treaty Organization를 줄여 부르는 말인데, 1949년 미국을 필두로 캐나다·영국·프랑스 등 12개국이 만든 군사 동맹입니다. 당시엔 냉전 시대였죠. 냉전 시대는 미국 중심의 자본주의 진영과 소련 중심의 공산주의 진영이 서로 대립하던 시대를 말해요. 그러니까 나토는 소련이 세력을 더 확장하지 못하게 막으려는 목적으로 만들어진 거죠. 물론 이런 상황을 소련이 가만히 지켜만 보고 있진 않았겠죠. 1955년 소련은 바르샤바 조약기구를 만듭니다. 폴란드를 비롯한 동유럽 공산주의 국가들과 군사 동맹을 맺은 거죠.

하지만 1991년 소련이 붕괴하면서 바르샤바 조약기구는 해체됐

스웨덴　핀란드

노르웨이

러시아

덴마크　발트해　에스토니아　모스크바 ★

라트비아

리투아니아

벨라루스

독일　폴란드

체코　우크라이나

슬로바키아

스위스　오스트리아

슬로베니아　헝가리　몰도바

크로아티아　루마니아

이탈리아　보스니아　세르비아　조지아

몬테네그로　불가리아　흑해

코소보　북마케도니아

알바니아　튀르키예

▶ 나토에 가입한 러시아 주변국들(남색 국가들)

습니다. 러시아는 나토도 해체할 것을 요구합니다. 미국과 서유럽은 해체하지 않습니다. 그 대신 러시아에게 나토를 동유럽으로 확장하지 않겠다고 약속하죠. 하지만 이 약속은 번번이 깨집니다. 나토에 가입하는 동유럽 국가가 계속 늘고 있기 때문인데요. 1999년에는 체코·폴란드·헝가리, 2004년에는 슬로바키아·슬로베니아·루마니아·불가리아·발트 3국(에스토니아·라트비아·리투아니아), 2009년에는 크로아티아와 알바니아가, 2017년에는 몬테네그로, 2020년에는 북마케도니아가 나토에 가입합니다.

러시아가 불안해하는 이유

러시아는 이런 상황이 불안합니다. 그러자 나토는 새 회원국에는 군대와 핵무기를 배치하지 않겠다고 약속합니다. 러시아는 이 말을 믿었고 나토가 확장되는 것에 크게 저항하지 않았죠. 그런데 러시아와 이웃한 조지아와 우크라이나까지 가입하려 하자 위기감을 느낀 겁니다. 이 두 국가의 나토 가입은 이전의 경우와는 차원이 다르죠. 일례로 우크라이나가 나토에 가입하면, 수도 모스크바와 500킬로미터 정도의 거리에 나토 회원국이 있게 되는 것이니까요. 나토의 서유럽 국가들도 이런 러시아 처지를 이해해서 두 나라의 나토 가입에 대해서는 주저하고 있습니다.

　우크라이나는 자신들은 이제 독립국이니 나토 가입 여부는 자신들이 선택할 문제라고 주장합니다. 결국 러시아는 우크라이나가 말을 듣지 않으니 전쟁을 일으킨 거죠. 앞서 말했듯이 러시아는 우크라이나를 자기 나라 일부로 여깁니다. 그래서 전쟁이라고도 하지 않고 '특수 군사 작전'을 펼친 거라고 주장합니다. 형제 또는 러시아 일부로 여기는 우크라이나가 러시아에 적대적인 나토에 가입하는 것은 있을 수 없는 일이라며, 이번 침공도 '버릇없는 동생'을 벌주려는 것이지 타국을 침공한 전쟁이 아니라고 합니다.

러시아는 미국에 요구합니다. 우크라이나의 나토 가입을 금지하고 새로운 나토 회원국에 배치한 군대와 핵무기를 철수하라고 말이죠. 또한 2014년에 체결한 민스크협정을 준수하라고 요구했습니다. 하지만 미국은 러시아의 요구를 전면 거부했고 우크라이나 대통령 젤렌스키도 나토 가입 의사를 철회하지 않아서 결국 전쟁이 일어난 것입니다.

전쟁을 막지 않은 미국

민스크협정은 벨라루스 수도인 민스크에서 돈바스Donbass 전쟁을 끝내기 위해 우크라이나, 러시아, 러시아 분리주의 집단 간에 맺은 국제 협정이에요. 돈바스 전쟁이 일어난 배경은 이렇습니다. 2014년, 우크라이나 동부 지역인 돈바스에서 사람들이 들고일어나죠. 우크라이나에서 분리하고 싶다는 겁니다. 돈바스 지역엔 러시아인이 많

▶ 여전히 분쟁 중인 돈바스 지역

◉ **돈바스**
러시아 접경 지역인 도네츠크 인민공화국, 루한스크 인민공화국 일대를 가리키는 지명이다. 우크라이나 전체 석탄 생산량의 95퍼센트가 이곳에서 나온다. 돈바스 주민 상당수가 러시아 출신이다.

이 사는데 정부 정책에서 자신들이 소외당하고 있다고 느꼈던 거예요. 우크라이나 정부군은 이들을 진압하죠. 한동안 두 세력의 싸움이 계속됩니다. 민스크협정은 이 전쟁을 끝내기 위한 약속이었습니다. 우크라이나 정부는 돈바스의 자치권을 인정하기로 합니다. 이것이 협정 내용 중 핵심이지만 이 약속은 지켜지지 않습니다. 그로 인해 결국 러시아–우크라이나 전면전으로 확대된 것입니다.

이런 배경들이 있더라도 러시아가 우크라이나를 침공한 것은 정당하지 않습니다. 우크라이나와 미국도 함께 비판받고 있고요. 일단 우크라이나가 애초에 민스크협정을 충실히 이행했다면 전쟁까지 일어나지 않았을 거란 지적입니다. 미국은 이보다 더 큰 비판을 받고 있죠. 전쟁을 막기 위해 적극적으로 노력하지 않았으니까요. 예상 침공 날짜 등을 공개하면서 전쟁을 오히려 부추기는 듯한 모양새를 보이기도 했습니다.

이런 지적에 미국은 러시아를 세계의 공적으로 규정함으로써 푸틴의 '모험'을 막으려던 심리전이었다고 해명했죠. 하지만 결과적으로는 실패했고, 전쟁이 일어났습니다. 미·러 정상회담을 진행할 수 있었고, 유럽이 중재하는 등 외교로 풀 시간이 분명히 있었는데도 말이죠.

물론 미국이 이렇게 행동한 데에는 이유가 있습니다. 미국 행정부는 주기적으로 국가 안보 전략NSS을 작성하는데, 이 문서에 따르면 미국은 중국과 러시아를 국제 질서를 바꿀 수 있는 위험한 존재로 기록해 놓았습니다. 국제 질서란 무엇일까요? 간단히 말하면, 세계의 대장은 미국이고, 이런 미국의 뜻대로 정리된 세계를 말하죠. 미국은 중국이나 러시아가 자신의 일등 자리를 빼앗을지 모른다는 두려움을 품고 있는 겁니다. 실제로 바이든 정부의 국방부 장관 로이드 오스틴은 인사청문회에서 러시아를 주요 '적국'으로 언급했죠.

미국은 이미 소련이 붕괴했는데도 러시아를 소련 보듯이 불신하는 듯합니다. 물론 러시아와 충돌하고 싶어 하진 않습니다. 미국이 손해 보는 일이니까요. 특히 요즘 미국은 세계의 대장 노릇은 하고 싶으면서도 다른 나라의 분쟁에 끼어드는 것은 피하려 합니다. 트럼프가 제45대 대통령이었을 때 외교의 달인이자 전 국방부 장관인 헨리 키신저Henry Kissinger는 트럼프에게 소련을 견제하기 위해 자신이 중국에 접근했던 것처럼, 부상하는 중국을 견제하려면 러시아와 협력해야 한다고 조언했다고 하죠. 트럼프는 조언대로 하려고 했지만, 뜻대로 되진 않았습니다. 중국과 러시아가 가까워졌거든요.

러시아 – 우크라이나 전쟁에 대해 중국은 어떤 입장일까요? 겉으로야 당연히 러시아 편을 들었습니다. 나토가 동쪽으로 세력을 뻗치면서 러시아를 위협했고 민스크협정을 우크라이나가 먼저 어겼기 때문이라면서요. 미국과 러시아의 갈등이 커지면 미국이 자신들을 덜 압박할 테니 그 점도 좋았을 겁니다.

하지만 마음이 편치는 않을 겁니다. 중국을 좋게 보는 나라들이 많지 않은 국제 사회에서 러시아 편을 들다가는 함께 공공의 적으로 낙인찍힐 수 있기 때문이죠. 더욱이 미국이 자신들을 압박할 때면 모든 국가의 주권과 안보는 존중받아야 한다고 맞섰는데, 러시아가 주권국인 우크라이나를 침공한 것을 지지하면 자기모순에 빠지는 것이고요.

종전을 향해

2025년 1월, 트럼프가 다시 미국 대통령이 되었습니다. 트럼프는

▶ 2025년 2월 종전 협상을 위해 만난 젤렌스키(왼쪽)와 트럼프

종전을 앞당기기 위해 뭔가를 할 것으로 보입니다. 전쟁이 길어지면서 미국을 비롯한 지원 국가들도 지쳤기 때문이죠. 휴전이나 평화 협상을 해야 한다는 목소리가 점점 더 커지고 있습니다. 유럽 일부에서도 젤렌스키에게 승리는 과도한 기대다, 값비싼 소모전으로 이어질 뿐이라고 경고합니다. 젤렌스키는 2014년 러시아에 빼앗겼던 크림반도를 되찾을 의지를 보였는데 이를 과한 욕심이라고 지적하는 사람이 많습니다. 그러므로 '완전한' 승리보다는 빨리 협상에 나서야 한다고 강조하고 있죠. 세계 곡창 지대인 우크라이나에서 전쟁이 일어나는 바람에 세계 곡물과 에너지 가격이 급상승했습니다. 세계 경제마저 어려워졌죠. 이런 여파 때문에라도 이 전쟁은 어

느 순간 승자 없이 끝날 가능성이 큽니다.

일부 서유럽 국가에서는 우크라이나의 주권을 지키고 러시아의 안보 위협을 줄이기 위해 우크라이나에 중립국 지위를 주자고 하지만, 우크라이나는 이 역시도 강하게 거부하고 있습니다. 하지만 우크라이나는 미국을 비롯한 다른 나라의 도움으로 전쟁을 치르고 있는 만큼 앞으로 전쟁이 어떻게 흘러갈지는 미국이 어떤 태도를 취하느냐에 따라 달라질 수 있습니다. 미국의 새 대통령 트럼프의 입을 모두 주목하는 이유죠.

휴전할 경우, 우크라이나는 분쟁 지역으로 남을 가능성이 큽니다. 다른 나라를 침공한 러시아를 응징하지 못한 채 면죄부를 주는 격이니 그 점이 가장 큰 문제로 남겠고요. 성숙한 러시아 시민들이 푸틴을 권좌에서 끌어내리는 것이 최선의 시나리오겠지만 시간이 걸리겠지요. 전쟁은 한쪽이 일방적으로 승리하거나, 양쪽이 싸우는 것보다 타협하는 것이 더 낫다는 결론에 이르러야만 멈출 수 있습니다.

한편에선 러시아-우크라이나 전쟁의 결말이 한국전쟁과 비슷하리라 예측하는 정치학자들도 있습니다. 유럽과 친한 서부와, 러시아와 친한 동부로 분단될 수 있다는 것이죠. 우크라이나 입장에서는 러시아군이 모두 물러나고 국제 사회가 자신들의 안전을 확실히 보장해 준다면 생각해 볼 수도 있을 겁니다. 러시아 역시 아직은 서유럽이 자신들을 제재·압박하고, 고립시키는 것을 잘 견디고 있지만, 전쟁을 마냥 지속하기는 어려울 겁니다. 설령 우크라이나를

다 점령하더라도 다시 서유럽과 국경을 맞대게 되니, 차라리 우크라이나를 분쟁 지역으로 남겨 완충 지대로 활용하는 것이 전략적으로 유리하다고 판단할 수 있겠고요.

"승리의 조건은 전념이고, 안정의 조건은 자제다. 평화는 강압과 굴복이 아니라 자제와 타협의 산물이다."

헨리 키신저의 책 《회복된 세계》에 나오는 말입니다. 모두 곱씹어 봐야 할 문장 아닐까요.

2

팔레스타인에 평화가 올까

이스라엘 — 팔레스타인 분쟁

아랍

아랍은 민족 개념이고, 중동은 지역 개념이다. 중동은 동지중해부터 아라비아만까지를 이른다. 아랍 국가는 아랍어가 국어고, 이슬람교를 국교로 삼거나 무슬림이 다수를 차지하는 나라를 말한다. 아랍연맹에 속한 22개국은 사우디아라비아·바레인·쿠웨이트·오만·카타르·예멘·이집트·이라크·요르단·레바논·시리아·수단·소말리아·리비아·알제리·튀니지·모리타니·모로코·코모로·지부티·아랍에미리트UAE와 팔레스타인해방기구PLO이다.

이스라엘과 팔레스타인 간의 기나긴 분쟁을 모르는 사람은 없을 겁니다. 이 분쟁은 어디서 비롯된 것일까요?

아랍과 미국·서유럽은 사이가 좋지 않습니다. 무엇보다 종교가 달라서죠. 아랍은 이슬람교, 미국·서유럽은 기독교가 떠받치고 있으니까요. 영국을 비롯한 서유럽이 양쪽의 적대감에 불을 붙이면서 이스라엘과 팔레스타인 사이에 분쟁이 싹틉니다.

양다리 걸친 영국

영국은 제1차 세계대전에서 승리하기 위해 아랍인과 유대인 사이에서 이른바 양다리를 걸칩니다.

먼저, 1915년 아랍 국가들에게 '맥마흔 선언'을 합니다. 1차 대전
은 동맹국(독일·오스트리아 – 헝가리·불가리아 왕국·오스만제국)과 연합국(영
국·프랑스·러시아·세르비아 등)이 대결해 동맹국이 패한 전쟁이죠. 당시
팔레스타인은 오스만제국 땅이었습니다. 비록 패전으로 제국은 몰
락하고 있었지만, 제국은 제국인지라 영국과 프랑스 등의 연합군은
안심할 수가 없었습니다.

　이때 오스만제국의 속국 지도자 중 하나인 후세인 빈 알리가 영
국에 자신들이 반란을 일으킬 테니 팔레스타인을 포함한 아랍 국
가를 세워 달라고 요구합니다. 영국은 수락합니다. 영국 공직자 맥
마흔(이집트 주재 고등 판무관)과 후세인은 이런 내용을 편지로 주고받
으면서 확정하지요. 이 약속 내용을 두 사람의 이름을 따서 '후세
인 – 맥마흔 선언'이라고 합니다. 후세인은 약속대로 반란을 일으킵
니다.

　문제는 앞서 표현한 대로 영국이 양다리를 걸친다는 것입니다.
영국은 2년 후인 1917년 유대인들에게 후세인 – 맥마흔 선언과 정
반대되는 약속을 합니다. 유대인 국가를 세워 주겠다고 한 것이죠.

▶ 밸푸어 선언은 팔레스타인 땅에 파란을 일으킨다. 사진은 밸푸어 선언을 환영하며 행진하는 캐나다 유대인들

대표적인 유대인 가문인 로스차일드 가문에게 팔레스타인에 유대인들의 국가를 세울 수 있게 돕겠다고 약속한 것입니다. 왜 그랬을까요? 유대인들이 영국에 전쟁 자금을 많이 지원해 주었기 때문입니다. 이에 대한 답례로 그들만의 국가를 세워 주겠다고 한 것이죠. 이 약속을 '밸푸어 선언'이라고 합니다. 밸푸어 역시 영국 공직자(외무장관) 이름이에요. 이 약속을 믿고 많은 유대인이 팔레스타인으로 이주합니다. 아랍인들은 맥마흔 선언을 근거로 당연히 반발했죠.

그런데도 1차 대전이 끝난 후 국제 사회는 유대인들의 손을 들어 줍니다. 팔레스타인에 유대인 국가를 건설하기로 한 거죠. 왜일까요? 앞서 말했듯이 유대인들이 영국을 비롯한 서유럽이 1차 대전에서 승리할 수 있게 많은 도움을 주었기 때문입니다. 유대인들은 전쟁 자금을 댔을 뿐 아니라 폭탄 제조 기술 등도 알려 주었다고 합니다.

이스라엘 손을 들어 준 유엔

당시 팔레스타인 인구 비율은 어땠을까요? 유대인은 소수였고, 대부분이 아랍인이었습니다. 영국은 아랍인들에게 어떤 대책도 마련해 주지 않고 강제로 추방합니다. 하지만 터전을 떠나는 일이 말처럼 쉽겠습니까. 이런 상황에서 나치의 유대인 대학살 홀로코스트 The Holocaust를 피해 유대인들이 이 지역으로 밀려들어 오기 시작합니다. 혼란과 긴장감이 소용돌이쳤습니다. 마침내 유대인과 아랍인 사이의 갈등은 폭력 사태로 드러나고 맙니다.

제2차 세계대전 후인 1947년 국제연합UN은 분쟁을 해결하기 위해 '팔레스타인 분할안'을 내놓습니다. 팔레스타인 지역을 유대인 국가와 아랍인 국가로 나누자는 거죠. 두 종교의 교집합인 예루살렘은 공동 통치 구역으로 남겨 두고요.

유엔은 합리적인 타협안이라며 뿌듯해했을지 모릅니다. 과연 그럴까요. 당연히 유대인들은 환영합니다. 수천 년 동안의 디아스포라

◉ 예루살렘

이슬람교·기독교·유대교 3대 종교의 성지가 있는 민감한 지역이다. 그래서 유엔은 1947년 팔레스타인을 분할할 때도 이 지역만은 '공동 통치 구역'으로 남겨 놓았다. 그런데 1948년 제1차 중동 전쟁 결과, 유서 깊은 성지가 있는 동예루살렘은 요르단이, 서예루살렘은 이스라엘이 차지하게 된다. 1967년 제3차 중동 전쟁에서 이스라엘이 동예루살렘을 점령함으로써 사실상 예루살렘을 모두 장악하게 된다. 이스라엘은 예루살렘을 자신들의 수도로 삼으려 했지만, 국제 사회가 인정하지 않았다. 유엔은 이런 이스라엘 주장을 국제법 위반으로 못 박았다. 그럼에도 현재 예루살렘은 이스라엘이 실질적으로 점령하고 있다.

시대를 끝내고 자신들의 나라를 건설하게 되었으니까요. 유대인들은 기원전 63년 로마제국에 정복당한 이후 전 세계로 흩어졌습니다. 무려 2천 년을 떠돈 역사가 있습니다. 이 시기 유대인들을 디아스포라Diaspora라고 하죠.

반면 오랜 터전을 하루아침에 빼앗긴 아랍인들은 거부했습니다. 1948년 5월 14일 영국은 이 문제를 원만히 해결하지 않은 채 팔레스타인에서 철수합니다. 유대인들은 이날 바로 독립을 선언하고 '이스라엘'이란 나라를 세웁니다. 이에 아랍인들이 들고일어납니다. 결국 두 세력은 충돌합니다. 제1차 중동 전쟁이 터집니다.

중동 전쟁의 서막

1차 중동 전쟁은 이집트를 포함한 아랍 7개국(이집트·요르단·시리아·레바논·이라크·예멘·사우디아라비아)이 이스라엘을 공격하면서 시작됩니다. 이스라엘은 이 전쟁을 '독립 전쟁(건국 전쟁)'이라고 따로 칭합니다. 1948년 11월 유엔 안보리의 중재로 전쟁은 끝납니다. 이듬해 2월 이집트와 이스라엘 간에 휴전 협정이 체결되죠. 이후 이스라엘은 레바논, 요르단, 시리아와도 휴전 협정을 맺습니다.

전쟁 결과 이스라엘은 팔레스타인 지역의 80퍼센트를 차지합니다. 그 바람에 아랍인 90만 명이 난민이 되지요. 그래서 팔레스타인 사람들은 이 전쟁을 대재앙Al Nakba이라고 합니다. 이집트, 시리아 등의 주변 아랍국들도 이스라엘의 건국을 인정하지 않았죠. 머지않아 이들은 연합해 이스라엘을 공격합니다. 종교 갈등에 영토 분쟁까지 겹쳐 일어난 일입니다. 그 결과 이스라엘이 1차 중동 전쟁으로 차지한 땅 중에서 오늘날 서안 지구로 알려진 땅은 요르단이, 가자 지구는 이집트가 다시 빼앗습니다. 예루살렘의 서쪽 땅은 이스라엘이, 동쪽은 요르단 군대가 점령하고요. 평화 협정은 오래가지 못합니다. 이스라엘과 팔레스타인 간에 무력 충돌이 계속됩니다.

여기서 요르단이 왜 등장하는지 잠깐 설명하겠습니다. 유엔의 팔레스타인 분할안에 따라 팔레스타인은 유대인 국가, 아랍인 국가, 예루살렘 세 구역으로 나뉘었다고 말했습니다. 이 결정에 따라 '아랍 국가' 영토에 주변 아랍 국가의 군대가 진입하죠. 그중 하나가 옆 나라 요르단이었습니다. 베들레헴을 비롯해 요르단이 점령한 지역이 서안 지구고요. 그런데 뒤에서 더 자세히 다루겠지만, 3차 중동 전쟁 이후 이스라엘이 서안 지구를 사실상 점령합니다. 요르단은 1988년 영유권을 아예 포기하죠. 이스라엘, 팔레스타인해방기구 PLO, Palestine Liberation Organization 사이에 끼여 이일저일로 휘둘리면서 자신들에게 별로 이득이 되지 않는 지역이라고 판단한 것입니다.

이후 1993년 오슬로 협정을 맺으면서 팔레스타인해방기구 중 여당인 파타가 서안 지구 일부를 지배하게 됩니다. 나머지 지역은 이스라엘이 직접 통제하고요.

팔레스타인해방기구는 독립국 팔레스타인 건국을 목표로 1964년에 조직되었는데, 국제 사회가 '팔레스타인을 대표하는 유일한 법적 조직'으로 인정한 것입니다. 중앙집권적인 정치 조직은 아니고, 여러 정당과 단체가 연대한 조직입니다. 그래서 팔레스타인해방기구에는 다양한 정당이 있습니다. 그중 대표적인 것이 파타Fatah와 하마스Hamas죠. 둘은 노선이 크게 다릅니다. 파타는 2국가 해법을 인정하고 비폭력 독립 운동을 주장합니다. 훗날 노벨평화상을 받은 아라파트 의장이 이 당 출신이죠.

반면 이슬람 수니파 근본주의 무장 조직이기도 한 정당 하마스는 기본적으로 2국가 해법에 반대합니다. 팔레스타인 땅에서 이스라엘을 몰아내고 이슬람 국가를 세우는 것이 목표죠. 물론 이후엔 타협의 여지를 보이고 있습니다만.

더 넓어진 이스라엘 땅

1956년 10월, 제2차 중동 전쟁이 터집니다. '수에즈 위기'라고도 합니다. 이집트 지도자 가말 압델 나세르Gamal Abdel Nasser가 수에즈 운하를 국유화하겠다고 선언하죠. 영국과 프랑스가 반발합니다. 이

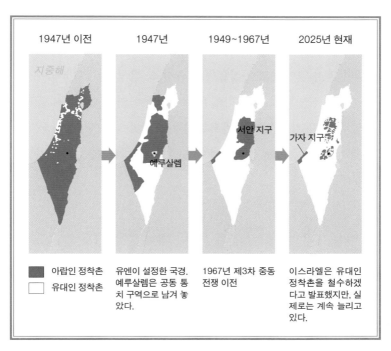

| 1947년 이전 | 1947년 | 1949~1967년 | 2025년 현재 |

지중해

서안 지구

가자 지구

예루살렘

■ 아랍인 정착촌
□ 유대인 정착촌

유엔이 설정한 국경. 예루살렘은 공동 통치 구역으로 남겨 놓았다.

1967년 제3차 중동 전쟁 이전

이스라엘은 유대인 정착촌을 철수하겠다고 발표했지만, 실제로는 계속 늘리고 있다.

▶ 이스라엘의 영토 변화. 이스라엘은 중동 전쟁에서 매번 승리해 영토를 넓혀 갔다.

운하를 이용하지 않으면 멀리 돌아 무역을 해야 하기 때문이죠. 이 집트가 뜻을 굽히지 않자 결국 영국과 프랑스는 이집트를 공격하고 이스라엘도 이에 가담합니다. 이집트는 여럿이 공격하니 당해 낼 재간이 없습니다. 이 전쟁에서 이스라엘은 시나이반도의 요충지를 손에 넣기도 합니다. 미국과 소련이 이집트 공격을 비난하면서 비로소 전쟁은 끝이 납니다.

하지만 1967년 6월 또다시 무력 충돌이 벌어집니다. 3차 중동 전쟁입니다. 이집트는 시리아와 1966년 10월 군사동맹을 맺고 주변 아랍국들과 협력해 이스라엘을 공격할 준비를 합니다. 그런데 이스라엘이 먼저 알아채고 이집트를 기습하죠. 전쟁은 6일 만에 이스라엘 승리로 끝납니다. 이스라엘은 동예루살렘과 서안 지구, 골란고원 일부, 가자 지구, 시나이반도까지 차지하며 영토가 3배나 커집니다. 유엔이 처음 나눈 땅의 5배에 달하는 광대한 지역을 차지하게 된 것이죠.

1973년 10월 이집트와 시리아는 다시 연합해 이스라엘을 기습합니다. 제4차 중동 전쟁입니다. 욤 키푸르Yom Kippur 전쟁이라고도 합니다. 욤 키푸르는 《구약》〈레위기〉 23장에 나오는 속죄일贖罪日로 유대교 명절 중 하나죠. 이날 전쟁이 터져 이런 이름이 붙은 겁니다. 나세르를 이은 이집트 안와르 사다트Anwar Sadat 대통령은 3차 중동 전쟁에서 이스라엘에 빼앗긴 지역을 되찾아 자신의 입지를 다지려 했습니다. 그래서 반서유럽, 반이스라엘 노선을 택한 시리아를 끌어들여 수에즈와 골란고원 양 전선에서 공격한 것이죠. 이스라엘은 전쟁 초기에는 힘을 못 쓰다가 골란고원에서 압승을 거두면서 파죽지세로 뻗어 나갑니다. 1973년 11월 이집트와 이스라엘 사이에 휴전 협정이 체결되면서 전쟁은 끝납니다.

4차례에 걸친 전쟁의 승자는 모두 이스라엘이었습니다. 그로 인해 이스라엘은 건국 직후보다 더 넓은 영토를 차지하게 되죠. 아랍국가들 입장에선 혹을 떼려다 혹을 붙인 격이 되어 버렸습니다. 빼앗긴 땅 중 시나이반도만 이집트가 협상 끝에 되찾습니다. 골란고원은 시리아의 수도인 다마스쿠스까지 보이는 전략적 요충지였지만 시리아는 끝내 되찾지 못하죠.

두 국가 인정한
오슬로 협정

1991년 소련이 붕괴하면서 냉전 체제도 무너집니다. 미국이 유일한 초강대국이 되죠. 미국 클린턴 대통령은 이스라엘–팔레스타인 분쟁을 해결하기 위해 적극적으로 나섭니다. 그 결과물이 1993년에 맺은 '오슬로 협정'인데요. 이스라엘과 팔레스타인이 주권 국가로 독립해 '국가 대 국가'로 공존하자는 것이 핵심 내용입니다. 이른바 2국가 해법two-state solution이죠. 협상 장소가 노르웨이 오슬로여서 오슬로 협정으로 부르게 되었죠. 14차례 비밀 협상이 있었다고 하네요.

이스라엘은 건국을 했고 4차례에 걸친 전쟁으로 영토도 더 확장했기 때문에 오슬로 협정은 사실 이스라엘에게 팔레스타인의 자치를 인정하라는 내용이라고 할 수 있습니다. 즉, 이스라엘은 팔레스타인인들이 자치 정부를 세울 수 있게 허용하고 가자 지구 등 점령지도 돌려주라는 것이죠. 팔레스타인 사람들은 더는 이스라엘에 대한 무장 투쟁을 하지 말고요.

여기서 국경선은 1967년에 일어난 3차 중동 전쟁 이전의 국경을

▶ (왼쪽부터) 아라파트 의장, 페레스 이스라엘 외무장관, 라빈 이스라엘 총리. 이스라엘, 팔레스타인이 국가 대 국가로 공존할 계기를 마련한 공을 인정받아 노벨평화상을 함께 받았다. 하지만 이 평화는 오래가지 못했다.

말합니다. 3차 전쟁으로 이스라엘은 동예루살렘과 서안 지구, 골란 고원 일부, 가자 지구, 시나이반도를 차지했습니다. 이 중 시나이반도만 반환되었으니 나머지도 돌려줘야 한다는 것이죠. 즉 2국가 해법에 따르면, 이스라엘은 팔레스타인에 가자 지구와 서안 지구를 돌려줘야 합니다.

　이스라엘, 팔레스타인 모두 협정 내용을 받아들입니다. 협상을 성공으로 이끈 공로를 인정받아 당시 협상 당사자들(이스라엘 총리 이츠하크 라빈, 외무장관 시몬 페레스, 팔레스타인해방기구 의장 야세르 아라파트)은 이듬해인 1994년에 노벨평화상까지 함께 받게 되지요. 해가 서쪽에서 뜨는 것만큼이나 놀라운 합의였다는 뜻이었을 겁니다.

　오슬로 협정으로 1993년 팔레스타인 자치 정부(2012년 11월 유엔 옵

서버 국가가 되어 2013년 1월 3일 '팔레스타인국'으로 국명을 바꾸었다. 유엔 옵서버 국가는 유엔 총회에 초청받는 국가로, 사실상 국제 사회에서 주권 국가로 승인받았음을 뜻한다)가 마침내 수립되었고, 이스라엘군은 가자 지구와 서안 지구 일부 지역에서 철수합니다. 아라파트 의장이 자치 정부 초대 대통령이 되죠. 하지만 평화는 오래가지 못합니다. 팔레스타인 사람을 모두 축출하려는 강경파인 베냐민 네타냐후Benjamin Netanyahu가 1996년에 이스라엘 총리가 되었기 때문이죠. 팔레스타인도 2006년 총선에서 강경파 하마스가 압승합니다. 하마스 역시 근본적으로는 팔레스타인 땅에서 이스라엘 사람을 모두 축출하고 싶어 합니다. 강대 강이 맞서니, 합의는 힘을 잃고 분쟁만 살아남았습니다.

하마스와 이스라엘은 2008, 2012, 2014년 3차례에 걸쳐 대규모 무력 충돌을 벌입니다. 이후로도 충돌은 계속되었죠. 급기야 2015년 9월 팔레스타인 2대 대통령인 마흐무드 압바스는 유엔 연설에서 이스라엘이 오슬로 협정 이행을 거부했기 때문에 자신들도 더는 준수하지 않겠노라 선언하기에 이릅니다.

이스라엘이 전쟁에서 계속 승리할 수 있었던 건 미국의 도움이 있어서였습니다. 이것은 미국이 문제 풀이에 결정적인 영향을 끼칠 수 있다는 말이기도 합니다. 트럼프 대통령(제45대)은 어땠을까요? 재임 기간에 예루살렘을 이스라엘 수도로 인정하는 등 노골적으로 이스라엘 편을 들었습니다. 제46대 바이든 대통령은 다시 '2국가 해법'을 내세우며 해결할 의지를 보였지만 이렇다 할 성과를 내지 못했죠. 그리고 다시 트럼프가 제47대 대통령이 되었습니다.

▶ 예루살렘의 유대인 정착촌. 예루살렘은 국제법상 누구의 땅도 아닌데 이스라엘은 정착촌을 늘리며 점령할 기회를 엿보고 있다.

국경선 문제

유엔에서는 2국가 해법을 밀어붙이려 하지만 이스라엘, 팔레스타인 양측이 원하는 국경선과는 일치하지 않아 국경선 설정이 가장 큰 문제로 남았습니다. 팔레스타인은 1947년 유엔의 분할안대로 국경선이 정해지길 바라지만, 이스라엘은 더 많이 갖기를 바랍니다. 이를 위해 국경선이 바뀔 때마다 그 안쪽에 유대인 정착촌을 계속 늘리는 속칭 알박기를 하고 있습니다. 즉 이스라엘은 나중에 국경을 정하는 협상에서 유리하게 하려고 유대인 정착촌을 고의로 조성했다는 의심을 받고 있는 거죠.

일례로 이스라엘이 동예루살렘에 유대인 정착촌을 건설한 결과 2023년 1월 현재 이곳에 거주하는 유대인이 22만 명에 이릅니다. 팔레스타인 측은 국제법상 예루살렘은 누구의 땅도 아니기 때문에 동예루살렘에 유대인이 정착하는 것은 엄연한 불법이고 평화의 장애물이라고 반발하고 있습니다. 하지만 이스라엘은 끄떡도 하지 않습니다. 팔레스타인의 요구대로 국경선을 정하려면 이들 정착촌을 모두 철거해야 하는데 유대인의 엄청난 반발이 예상됩니다.

가자 지구는 서울보다 약간 작은 면적인데, 2023년 10월 현재 170만 명이 살고 있습니다. 하마스가 장악하고 있어 반이스라엘 투쟁과 테러 등이 끊임없이 일어나는 곳입니다. 2007년 이후 이스라엘의 봉쇄 정책이 강화되면서 주민들은 서안 지구 등으로 자유롭게 이동할 수 없게 되었습니다. 어쩔 수 없이 이곳 주민들은 이집트로 수백 개의 땅굴을 파고 그곳으로 식량과 연료 등을 들여와 살아가고 있습니다. 팔레스타인 난민 대다수는 요르단과 시리아, 레바논에 흩어져 살고 있는데, 이스라엘은 이들이 고향으로 돌아오는 것을 허용하지 않고 있습니다.

끝나지 않는 전쟁

2023년 현재 이스라엘은 국민 수가 980만 명입니다. 그리 큰 국가는 아니죠. 하지만 경제적으로 부유한 데다 미국의 묵인 아래 3백기(추정치)에 달하는 핵무기까지 보유한 나라입니다. 이런 상황에서 극우 세력을 등에 업은 네타냐후 총리가 장기 집권하면서 평화는 팔레스타인 땅에서 멀어져 갔습니다.

네타냐후는 2014년 7월 아예 하마스를 없애기 위해 가자 지구에 정규군까지 투입했죠. 2021년 5월 알아크사 모스크에서 예배를 마친 팔레스타인 사람들이 네타냐후 정권에 항의하는 시위를 벌이자 강경하게 진압했고요. 2백여 명이 부상당합니다. 하마스는 보복으로 예루살렘을 공격했고, 이스라엘은 보복으로 가자 지구를 폭격합니다.

강 대 강 둘의 싸움은 이후로도 계속되었고, 2023년 10월 이스라엘─하마스 전쟁으로 이어졌습니다. 하마스 공격으로 시작된 이 전

▶ 2023년에 일어난 이스라엘-하마스 전쟁으로 하마스는 전멸하다시피 했다. 그것은 하마스가 지배한 가자 지구의 상황을 말해주는 것이기도 하다.

쟁은 2025년 3월 현재도 계속되고 있습니다. 하지만 이스라엘 승리라고 봐야 하죠. 많은 팔레스타인인이 사망했고, 하마스는 전멸하다시피 했으니까요.

다른 분쟁 지역들처럼 이스라엘-팔레스타인 분쟁 역시 주변 국가들의 이해관계가 복잡하게 얽혀 있습니다. 이스라엘과 아랍 국가들 사이의 해묵은 증오심은 쉽게 사라지지 않을 것입니다. 사우디아라비아·아랍에미리트·요르단처럼 현재는 이스라엘과 대체로 우호적인 관계를 유지하려는 나라도 있지만, 외교적 이익을 계산한 것일 뿐이지 이들 역시 결코 이스라엘을 지지하지는 않을 것입니다.

이스라엘-팔레스타인 분쟁의 해결 전망은 어둡습니다. 이스라엘 역사상 극우 성향이 가장 강한 네타냐후가 장기 집권하는 데다 트럼프가 다시 대통령이 되었기 때문이죠. 2025년 3월 현재 트럼프는 노골적으로 이스라엘 편을 드는 것을 넘어, 미국이 가자 지구를 지배하겠다는 뜻까지 밝혀 전 세계를 경악하게 했습니다.

네타냐후를 지지하는 극우주의자들

홀로코스트를 겪은 이스라엘이 오늘날 대표적인 인종주의 국가(인종에 근거해 어떤 사람들을 차별·억압·착취하는 국가)로 변모했다는 사실은 역사의 뒤틀림을 넘어 비극적인 일이 아닐 수 없습니다.

이스라엘이 처음부터 그랬던 건 아닙니다. 20세기 초만 해도 팔

▶ 네타냐후(왼쪽)와 트럼프. 네타냐후의 목표는 팔레스타인 사람을 모두 축출하는 것이다. 이런 네타냐후를 트럼프가 든든히 지원해 주고 있다. 이스라엘과 팔레스타인 간의 앞날이 희망적이지 않은 이유다.

레스타인 사람들과 공존도 가능하다는 태도를 보일 만큼 열려 있었습니다. 팔레스타인이 이스라엘의 건국을 반대하자 이들을 추방하고 건국을 실현했지만, 이때만 해도 팔레스타인에 대한 최소한의 미안함은 가지고 있었습니다. 4차례의 전쟁 이후인 1970년대 중반부터는 아랍권과 다시 외교 관계를 맺기 위해 노력했고 팔레스타인 문제 해결을 위해서도 노력했습니다.

그런데 정권이 우익 정당에 넘어가면서 이런 태도에 변화가 생기기 시작했죠. 이스라엘 사회가 우경화된 가장 큰 원인은 인구 구성의 변화에 있다고 분석할 수 있습니다. 건국 초에는 유럽 중동부 출신의 유대인 즉 아슈케나지Ashkenazi가 많았습니다. 아슈케나지는 히브리어로 '아슈케나즈의 유대인'을 뜻합니다. 아슈케나즈는 히브리어로 독일을 뜻하니, 아슈케나즈 유대인은 '독일 유대인'이란 뜻입니다. 이들은 금융, 무역업에 주로 종사했습니다.

건국 이후에는 이베리아반도 출신의 유대인 즉, 세파르디Sephardi가 대거 들어왔습니다. 세파르디는 히브리어로 스페인을 뜻하는 '세파라드'에서 나온 말입니다. 즉 세파르디는 스페인이나 포르투갈 등 이베리아반도 지역에 주로 거주하던 유대인 집단을 말하죠. 이들은 이스라엘에서 하류층을 이루었습니다. 그렇다 보니 삶의 기반이 팔레스타인 거주지와 겹쳤죠. 사회경제적 기반이 취약한 이들은 진보 세력의 점령지 반환 정책에 반대합니다. 그리고 이스라엘의 우경화를 주도하고 있습니다. 여기에 1991년 소련 붕괴 후 러시아계 유대인 70만 명까지 유입되면서 극우 세력이 더 강해졌습니다. 그 결과물이 바로 네타냐후의 장기 집권이죠.

미국은 왜
아프가니스탄에
무관심해졌을까

미국 —
아프가니스탄
전쟁

2021년 8월 미국은 아프가니스탄에서 도망치듯 철수했습니다. 그리고 탈레반이 수도 카불에 진입했죠. 이 광경은 전 세계에 큰 충격을 주었습니다. 세계 최강국 미국이 20년의 기나긴 전쟁을 치르고도 자유 민주국가 건설에 실패했기 때문이죠. 미국이 소련보다 2배가 넘는 시간과 수십 배에 이르는 물자를 쏟아부었는데도 말입니다. 결과적으로 미국 역사에서 아프가니스탄에서 벌인 전쟁은 베트남 전쟁만큼이나 큰 오점으로 남고 말았습니다. 미국은 왜 아프가니스탄에서 물러났고, 이후 어떤 태도를 취하고 있을까요?

누구나 탐내는 요충지

아프가니스탄은 아시아와 중동, 러시아를 잇는 중요한 땅입니다. 그래선지 옛날부터 이곳을 서로 차지하려고 했지요. 19세기 이후 러시아제국은 본격적으로 남하 정책을 펼칩니다. 추운 날씨 때문에 얼어붙지 않는 항구, 즉 부동항이 부족했기 때문인데요. 러시아는

▶ 아프가니스탄은 '아프간의 땅'이라는 뜻이다. 아프간은 파슈툰족을 가리킨다. 그러므로 아프가니스탄은 '파슈툰족의 땅'이란 의미다. 아프가니스탄은 예로부터 중동과 아시아 여러 지역의 문화가 만나는 곳이자 여러 대륙으로 뻗어 갈 수 있는 요충지였다.

인도양으로 나갈 수 있는 통로인 이란과 함께 아프가니스탄을 노렸습니다. 그런데 영국이 이를 막아섭니다. 영국은 인도를 비롯한 당시 자신들의 식민지를 러시아가 위협할 수 있다고 판단한 것입니다.

영국은 아프가니스탄을 식민지로 삼기 위해 침공합니다. 아프가니스탄과 전쟁을 치른 최초의 서구 열강인 거죠. 3차례나 전쟁을 벌였지만, 영국은 아프가니스탄을 끝내 지배하지 못합니다.

영국 다음으로 아프가니스탄을 노린 국가가 소련입니다. 2차 대전 이후 아프가니스탄 왕국(1926~1973년 아프가니스탄 일대에 존재했던 왕국)은 중립을 표방합니다. 서구 근대 문화를 적극적으로 받아들였고 부동항을 포기하지 못한 소련과도 좋은 관계를 유지합니다. 조용히 실리를 추구해 나간 거죠. 아프가니스탄은 한동안 평화롭게 근대화 과정을 차근차근 밟아 나갔습니다.

그러나 소련의 군사적 위협을 덜 방법으로 소련과 군사적으로 깊게 교류한 것이 문제가 되고 맙니다. 소련에서 연수를 마치고 돌아온 아프가니스탄 군인들이 소련식 공산주의를 추구하며 세력을 형성한 것이죠. 이들의 반대편에는 부족 세력들이 있었습니다. 이들은 이슬람이란 종교를 중심으로 뭉쳤고 서구화는 물론이고 소련식 공산주의에도 반발했습니다. 그 결과 소련의 영향을 받은 정부와 이에 반발하는 반정부 세력이 대립하게 됩니다.

곰의 덫

1978년 좌파 군인들이 쿠데타를 일으켜 아프가니스탄 왕국의 뒤를 이은 아프가니스탄 공화국을 무너뜨립니다. 그리고 공산주의 정권을 세우죠. 부족들은 반발했고, 급기야 아프가니스탄 전역에서 이른바 무자헤딘(Mujahideen, 성전에서 싸우는 전사)이라는 반정부군이 조직됩니다. 아프가니스탄 내전의 서막이었죠.

소련은 정권이 무너질 것을 우려해 1979년 12월 아프가니스탄에 쳐들어갑니다. 다른 이유도 있었습니다. 1979년에 이란에서 이슬람 혁명이 일어납니다. 그 결과 왕조(팔라비 왕조)가 무너지고 이슬람 종교 지도자가 최고 권력을 쥐는 이슬람 공화국이 세워지죠. 소련은 긴장합니다. 소련의 남부 지역인 타지키스탄, 우즈베키스탄, 투르크메니스탄 등 이슬람권 공화국들에서도 이슬람 혁명이 일어날까 봐 겁을 먹은 거죠. 소련은 이 공화국들과 인접한 아프가니스탄에서 전쟁을 일으켜 혁명이 번지지 않게 차단합니다.

아마도 소련은 몇 달이면 무자헤딘을 무찌를 수 있으리라 자신했을 겁니다. 탱크, 헬리콥터, 전투기에 포탄까지 동원했으니까요. 하지만 무자헤딘은 결코 만만한 상대가 아니었습니다. 기동력이 뛰어난 이들은 아프가니스탄 특유의 산악 지형을 이용해 소련의 공격을 교묘히 피해 갔습니다. 미국에서 최신 대공 미사일(적의 항공기나 미사일을 요격하는 무기)도 공급받아 소련 공군을 공격했죠. 악에 받친 소련

▶ 무자헤딘은 아프가니스탄 특유의 지형을 이용한 게릴라전에 탁월했다. 추락시킨 소련 헬기에 올라가 승리의 기쁨을 만끽하는 무자헤딘 조직원들

군은 무자헤딘을 돕는 민간인을 없애기 위해 마을을 폭격하고 식량을 불태우고 가축은 도살하죠. 이 모습이 미국의 베트남 전쟁을 연상시켜 '소련판 베트남전'이라는 말까지 나왔습니다.

곧 끝날 줄 알았던 전쟁은 무려 10년이나 이어집니다. 막대한 군사비에 소련 경제가 휘청입니다. 소련 붕괴에 아프가니스탄 전쟁이 결정적인 영향을 끼쳤다는 분석도 있죠. 결국 소련은 아프가니스탄을 곰의 덫The Bear Trap이라며 철수합니다. 소련을 상징하는 곰이 아프가니스탄이라는 덫에 걸렸다는 뜻입니다.

소련 철수 후 친소 정부가 바로 무너진 건 아닙니다. 좌파 정부는 소련의 원조를 받으며 무자헤딘과 근근이 내전을 이어 갔습니다. 그러다 1990년 주요 장성들이 쿠데타를 모의한 사실이 발각되면서 정부에 피바람이 불죠. 자연 내분도 생깁니다. 정부군은 급속도로 약해졌고, 결국 무자헤딘이 승기를 잡습니다. 이런 상황에서 1991년 소련마저 붕괴합니다. 정부군은 더는 지원을 받을 수 없게 되었고, 정권은 운명을 다합니다. 그리고 1992년 4월, 탈레반 정부가 들어서죠.

탈레반Taliban은 원래 아프가니스탄 남부에 거주하던 파슈툰 부족에서 시작한 반정부군 조직입니다. 탈레반은 '학생들'이라는 뜻인데, 극단적인 이슬람 근본주의자들을 양성하는 신학교 학생들이 반정부군으로 주로 활동하면서 붙여진 이름이죠. 탈레반은 다른 종교를 절대 허용하지 않습니다. 서구 문화도 배척합니다. 특히 강고한 가부장제에서 여성을 가혹하게 탄압해 국제 사회의 비판을 받고 있죠.

소련도 미국도 철수

아프가니스탄을 흔히 '제국들의 무덤'이라고 합니다. 소련 다음의 희생자는 미국이었습니다. 미국은 탈레반 정부에 9·11 테러 사건 이후 아프가니스탄에 숨어든 알카에다의 수장 오사마 빈라덴을 넘겨 달라고 요구합니다. 9·11 테러 배후로 빈라덴이 지목되었기 때문이죠. 하지만 탈레반은 빈라덴의 보호자를 자처합니다. 알카에다 Al-Qaeda는 아랍어로 '근본주의'라는 뜻입니다. 알카에다는 빈라덴이 처음 만든 무장 조직으로, 탈레반처럼 서구 문명을 몰아내고 이슬람 근본주의 국가를 건설하는 것이 목표입니다.

2001년 10월 미국은 아프가니스탄을 공격합니다. 알카에다를 보호한 탈레반 정권을 몰아내는 것이 목적이었죠. 두 달 만에 성공합니다. 탈레반이 쫓겨난 자리에 친미 정부를 세웁니다.

전쟁은 아주 큰 사건이어서 전쟁을 일으킬 때는 반드시 명분이 필요합니다. 처음 미국이 아프가니스탄을 공격할 때는 납득할 만한 이유가 있었습니다. 자국을 공격한 이들을 처단한다는 것에 세계는 고개를 끄덕였습니다. 하지만 전쟁이 지속될 경우엔 어떨까요? 그때부터는 이야기가 달라집니다. 그렇기에 미국은 새로운 명분을 만들어 내죠. 바로 북한을 필두로 몇몇 나라를 '악의 축'이라며 새로운 적으로 삼은 겁니다. 알카에다 같은 테러 조직과 악의 축 국가들은 세계 질서를 위협하니 세계 평화를 위해 앞으로도 이들에게 맞서겠다고 선포한 겁니다.

　그런데 탈레반이 집요하게 게릴라전을 펼치면서 계획이 틀어집니다. 탈레반도 아프가니스탄 특유의 지형 덕을 봅니다. 아프가니스탄에는 평균 해발 1500~2000미터에 이르는 산이 많고 어떤 곳은 6천 미터가 넘기도 합니다. 산뿐 아니라 계곡, 광야도 흩어져 있어 단일 정부를 구성하는 데 어려움이 많습니다. 그래서 여러 부족으로 국가가 구성될 수밖에 없었죠. 반정부군이나 무장 조직들은 특유의 지형을 활용해 장기간 게릴라전을 펼칠 수 있었고요. 2011년 탈레반 간부가 "미국에게 시계가 있다면 우리에게는 시간이 있다"고 할 정도로 탈레반은 지구전을 펼칩니다. 결국 미국은 2021년 8월 도망치듯이 아프가니스탄에서 철수합니다. 그러자 친미 정부의 대통령(아슈라프 가니)도 곧 탈레반에 항복하고, 아프가니스탄에서 달아납니다. 20년 만에 탈레반은 정권을 되찾죠.

미국이 중동에 무관심해진 이유

앞으로 아프가니스탄은 어떻게 될까요? 일단 미국은 이제 중동에 별 관심을 두지 않을 가능성이 큽니다. 미국이 이라크, 아프가니스탄과 전쟁을 벌이는 사이에 중국이 급부상했기 때문이죠. 미국은 최강국의 자리를 지키기 위해 중국을 주시해야 할 상황이 된 겁니다.

　또 미국이 중동에 관심을 둔 이유 중 하나가 석유 때문인데 '셰

▶ 미국이 물러간 후 카불로 들어서는 탈레반. 아프가니스탄은 '제국들의 무덤'이라고 할 정도로 이 나라에 맞서 이긴 곳이 없다.

▶ 철수 중인 미군에게 아이만이라도 데려가 달라며 넘기는 아프가니스탄 부모. 탈레반 집권 후 많은 아프가니스탄 사람이 탈출을 원했지만, 탈레반의 방해로 그러지 못했다. 아프가니스탄 사람들은 국제 사회에 도움을 호소하고 있지만, 미국을 비롯한 대다수 국가가 무관심한 것이 현실이다. 사진은 아프가니스탄 출신 인권활동가 오마르 하이다리Omar Haidari가 찍은 동영상 캡처

일가스 혁명'으로 에너지 문제가 해결됐습니다. 중동에 더는 관심을 쏟지 않아도 되는 거죠. 셰일가스는 진흙이 수평으로 퇴적해 굳은 암석층Shale에 함유된 천연가스입니다. 석유에 의존하던 에너지 시대가 셰일가스라는 새로운 에너지 시대로 넘어간 것을 '셰일가스 혁명'이라고 합니다. 미국에서 대량의 셰일가스를 발견해 채굴할 수 있게 되면서 이제 미국은 에너지 수입국에서 에너지 수출국이 되었습니다.

하지만 아프가니스탄이 세계 이슬람 극단주의 세력의 구심점이

된다면 세계 최강국을 자처하던 미국은 큰 어려움에 빠질 수 있습니다. 실제 그렇게 돼 가고 있습니다. 탈레반 정부에 저항하는 반정부군의 한 지도자는 현재 아프가니스탄이 이슬람(수니파) 근본주의 테러 조직인 IS Islamic State와 알카에다를 포함한 수십 개의 테러 조직의 안전한 피난처가 되어 버렸다고 경고합니다. 그러면서 세계가 이런 위험성을 심각하게 인식하고, 아프가니스탄에 합법적인 정부가 세워질 수 있도록 개입해 달라고 촉구합니다.

　문제는 세계 어느 나라도 탈레반에 저항하는 반정부군을 지지하거나 돕지 않는다는 것입니다. 오히려 반정부군을 아프가니스탄의 안정을 해치는 세력으로 규정해 반정부군은 외롭게 투쟁하고 있습니다. 그렇다고 해서 국제 사회가 탈레반 정부를 공식적으로 인정하느냐면 그것도 아닙니다. 결국 이도 저도 아닌 어정쩡한 자세를 취하고 있는 것이죠.

블로백

● 이기적인 미국의 대외 정책을
신랄하게 비판한 찰머스 존슨

미국의 저명한 국제정치학자 찰머스 존슨Chalmers Johnson은 자신의 책《블로백》에서 미국의 대외 정책이 초래한 역사적 피해를 '블로백'이라고 표현했습니다. 블로백BlowBack은 '역풍'이란 뜻이죠.

존슨은 미국 중앙정보국CIA 출신임에도 미국의 제국주의 행태를 비판해 왔는데 9·11 테러 발발로 더 주목을 받게 됐습니다. 존슨은 9·11 테러가 미국이 전 세계에 남긴 부정적인 유산들로 인해 맞게 된 역풍이라고 비판했기 때문이죠. 또한 이런 역풍을 앞으로도 계속 받게 되리라며 우려했습니다.

미국이 전 세계에 남긴 부정적인 유산들이란 무엇을 말하는 것일까요? 예를 들면 20세기 중반에 중남미의 독재자들을 돕고, 민주적으로 선출된 정부를 반정부군을 지원해 전복했던 일입니다. 이란을 견제하기 위해 이라크를 군사 강국으로 키운 것도 그 예인데, 그 결과 어떻게 되었나요? 후세인 정부가 탄생했고, 미국은 후세인의 이라크와 전쟁을 벌여야 했습니다. 아프가니스탄에서도 비슷한 일이 벌어졌죠. 소련이 아프가니스탄을 침공하자 미국은 탈레반을 적극적으로 도왔습니다. 그 결과 어떻게 되었나요? 탈레반과 미국은 20년간 전쟁을 벌였습니다. 이런 것들이 바로 역풍의 예죠.

존슨은 책에서 "21세기 세계 정치에는 미국의 20세기 후반의 블로백-다시 말해 냉전의 의도하지 않은 결과와 탈냉전의 세계에서도 냉전적 태도를 유지하려는 미국의 중대한 결정-에서 야기된 역풍이 분다"고 신랄하게 비판했습니다.

대만은 왜
국기가 없을까

중국 ─ 대만의
갈등

올림픽 개회식에서 아래 국기를 본 적이 있나요? 올림픽을 상징하는 오륜기가 들어가 있어 국기가 맞나 잠시 갸우뚱하게 됩니다. 중화 타이베이Chinese Taipei 깃발입니다. 중화 타이베이는 대만이 국제 사회에서 활동할 때 국명 대신 쓰는 명칭입니다.

왜 대만은 대만이라 말하지 못하고 중화 타이베이라고 쓰게 된 걸까요? 중국이 못 쓰게 막았기 때문입니다. 중국은 대만을 중국 땅이라고 주장합니다. 그래서 대만을 주권 국가로 인식시킬 수 있는 대만이란 국명을 쓰지 못하게 국제 사회에 압력을 넣은 겁니다. 그렇다면 대만은 어쩌다 이런 처지에 놓인 걸까요?

중국 역사에 대만이 등장한 건 청나라 때입니다. 그전에도 섬엔 원주민들이 살고 있었죠. 청나라 때 이 섬을 자기 땅으로 삼으면서 푸젠성, 광둥성 등에서 한족들이 건너갑니다. 청

▶ 중화 타이베이 올림픽 깃발

나라는 왜 이 섬에 주목했을까요? 필리핀과 중국 본토를 잇는 거점인 데다 교역의 요충지였기 때문이죠.

대만 사람들은 크게 본성인과 외성인으로 나눕니다. 본성인本省人은 '타이완성 안의 사람들'이라는 뜻으로 청나라 때 건너와 2차 대전이 끝날 때까지 대만에 살던 한족을 말합니다. 외성인外省人은 1949년 중국에 중화인민공화국이 세워지면서 대만으로 건너온 한족들을 말하죠. 장제스로 대표되는 이들은 대체로 교육과 소득 수준이 높은 사회 지도층 출신인데, 이후 대만 정부에서도 고위직과 관리직을 독차지합니다. 2025년 1월 현재 대만 인구의 98퍼센트는 한족입니다. 이 중 본성인이 84, 외성인이 14퍼센트죠.

공산당과 국민당의 갈등

현재 중국과 대만 관계를 가장 잘 표현한 말이 양안兩岸입니다. 대만 해협을 사이에 놓고 '서안'인 중국 본토와 '동안'인 대만이 마주

▶ 공산당에 패한 후 대만으로 건너와 중화민국을 세운 장제스 총통. 사진은 총통 취임식 장면. 그러나 중국은 지금도 대만을 중국 땅으로 여긴다. '하나의 중국'을 되뇔 뿐이다.

하고 있다는 뜻이죠(77쪽 지도 참고). 중국과 대만이 본격적으로 대립한 것은 2차 대전이 끝난 직후입니다.

대립은 두 세력이 유발했습니다. 첫 번째 세력은 국민당입니다. 국민당은 민족 지도자인 쑨원 등이 주도해 1919년 창당하죠. 쑨원은 1911년 신해혁명을 이끌었습니다. 신해혁명으로 청나라가 무너지고 1912년 중화민국Republic of China이란 민주 공화국이 세워지죠. 두 번째 세력은 중국공산당입니다. 중국공산당은 1921년 세계 공산주의 운동을 지원하는 코민테른Communist International이 주도해 창당했습니다.

국민당과 중국공산당은 때로는 협력하고 때로는 맞서며 중국 본토를 지킵니다. 협력할 때는 '국공 합작'이라 표현하고, 대립할 때는 '국공 내전'이라 표현하죠. 실제로 두 차례의 합작과 내전이 있었습니다.

일례로 1937년 중일 전쟁이 터졌을 때는 서로에 대한 적개심을 잠시 내려놓고 함께 일제에 맞섭니다. 일제가 패망한 1945년까지 이런 관계를 지속하죠. 하지만 일제가 물러난 이후 어떤 국가를 건설할 것인지를 놓고 다시 맞붙습니다. 결과는 국민당의 패배였고, 국민당 당수 장제스를 포함한 국민당 지지 세력은 대만으로 탈출합니다. 이들은 대만에 중화민국을 세우고, 타이베이를 수도로 정합니다. 중국 본토에서는 1949년 마오쩌둥이 중화인민공화국을 수립합니다.

둘 사이에 끼어든 미국

중국과 대만은 서로 다른 체제를 유지한 채 냉전 시대를 지나옵니다. 그러다 1995년 일이 터집니다. 당시 리덩후이 대만 총통이 미국을 방문한 것입니다. 중국은 이 일로 대만에 앙심을 품습니다. 대만을 중국 땅으로 여기는 데다 당시 미국과 단교한 상태였기 때문이죠. 그런데 대만 총통이 감히 외교 활동을 벌인 것이니까요.

중국은 대만 해협에서 미사일 훈련을 하는 것으로 불만을 드러냅니다. 리덩후이는 중국이 아닌 대만 현지 출신으로 대만의 독립을 원하던 인물이라, 더 못마땅해한 거죠. 미국은 함대를 보내 중국을 견제합니다. 이듬해까지 미국을 등에 업은 대만군과 중국군은 대치합니다. 다행히 충돌 없이 끝났지만, 이 사건은 중국과 대만이 언제든지 충돌할 수 있음을 상징적으로 보여 줬습니다.

이후 중국과 대만은 서로를 깊이 적대시합니다. 중국은 대만을 전쟁에 패한 장제스가 세운 괴뢰정부(독립국이라고 주장하지만 실제로는 외부 세력의 조종을 받는 정부)로, 대만은 중국을 쿠데타를 일으킨 공산당 세력으로 봅니다. 서로 자신만이 적법한 통치 권력이라고 주장하고, 상대는 무력 통일의 대상으로 여기죠.

우려는 현실이 됩니다. 1954년 대만 해협의 진먼섬에서 중국과 대만이 무력 충돌을 했기 때문이죠. 진먼섬은 대만보다 중국에 더 가깝지만, 대만이 점령한 곳이었어요. 대만으로서는 최전선 역할을 하는 곳이었습니다. 그러니 더 밀려나지 않기 위해 이곳에 군대를 많이 파견했습니다. 이를 중국은 좌시하지 않았고요. 1955년 미국이 개입해 휴전 상태로 접어듭니다. 미국이 핵무기를 쓸 것처럼 굴었기 때문에 중국이 물러선 거죠. 이 사건으로 미국과 대만은 방위 조약을 맺게 됩니다.

하지만 얼마 지나지 않은 1958년 중국은 미국과 서유럽이 중동에 시선을 돌린 틈을 타 다시 진먼섬을 공격합니다. 무려 50만 발의 포탄을 44일간 쏟아붓죠. 그 바람에 대만 해협 바닷길이 봉쇄되기까지 합니다. 극한의 대치 상황은 미국과 중국이 기습적으로 수교를 맺은 1979년에야 끝이 납니다.

▶ 진먼섬에서 충돌한 중국과 대만. 분쟁은 언제든지 다시 일어날 수 있다. 중국은 대만을 자기 땅으로 여기지만, 대만은 자신들이 독립국이라고 주장하기 때문이다.

사실 냉전이 한창이던 1960년대까지만 해도 대만은 국제 사회에서 적법한 국가로 인정을 받았습니다. 비록 약소국이었지만, 미국의 전폭적인 지지를 받고 있었기 때문이죠. 유엔 상임이사국에 중국을 대표하는 국가로 대우받을 정도였습니다.

그런데 민주주의 진영과 공산주의 진영이 대립하던 시대가 끝납니다. 1970년대부터 데탕트 시대로 접어들죠. 데탕트Détente는 프랑스어로 '긴장 완화'란 뜻입니다. 누구 사이에서 긴장이 완화되었단 말일까요? 민주주의 진영을 대표하는 미국과 공산주의 진영을 대표하는 소련·중국의 관계가 좋아졌다는 뜻이죠.

대만은 이런 분위기가 영 마뜩잖습니다. 중국을 탈환할 날도 멀어 보이는데 자기편인 줄 알았던 미국까지 중국과 가까워졌으니 불쾌했습니다. 곧이어 이 감정은 깊은 배신감으로 변합니다. 1971년 미국이 유엔 총회에서 중화인민공화국을 중국을 대표하는 국가로 선언했기 때문이죠. 물론 미국은 중국이 대표 국가가 되는 대신 대만은 일반 회원국 지위를 유지할 수 있게 하려고 했습니다. 하지만 중국이 완강히 반대했죠. 이 모든 상황을 지켜본 대만은 화가 나서 유엔에서 탈퇴해 버립니다.

미국은 1972년 중국이 주장해 온 '하나의 중국' 원칙에도 동의합니다. 하나의 중국이란 중국과 홍콩, 마카오, 대만은 나뉠 수 없는 하나라는 뜻입니다. 대만으로선 뚜껑이 열릴 일이었죠. 대만이 격하게 항의하자 미국은 결국 1978년 12월 대만과 단교하고 중국과 수교합니다. 미국의 보복으로 인해 대만은 유엔을 비롯한 국제통화

기금, 세계은행 등 국제기구에서 줄줄이 쫓겨나고 국제무대에서도 지워집니다.

대만은 이런 역사적 배경 때문에 상황에 따라 다양한 이름으로 불립니다. 대만은 여전히 자신들이 1912년에 건국된 중화민국의 적통이라고 주장합니다.

하지만 국제 사회에서 대만은 독립 국가가 아닙니다. 그래서 표기할 때 주의해야 합니다. '중화 타이베이'라고 표기해야 합니다. 대만을 타이완이라고도 하는데, 타이완은 대만의 중국어 발음일 뿐입니다. 북경을 베이징이라고 하는 것처럼 말이죠. 그러므로 대만을 표기할 때는 '주타이베이 대한민국 대표부', '주한 타이베이 대표부'처럼 대사관보다 하위인 연락 사무소로 표기해야 합니다. 대만은 국가가 아니라서 외교 대상이 아니기 때문이죠. 이는 '하나의 중국' 원칙을 지키는 것으로, 중화인민공화국 입장을 존중한다는 표현이기도 합니다. 중국은 1983년부터 대만을 '중화인민공화국 타이완 특별행정구'로 지명하고 홍콩, 마카오 같은 별도의 행정 구역으로 여기고 있습니다.

중국과 대만 사이에서 미국은 어떤 입장을 취하고 있을까요? 겉으로야 '하나의 중국' 원칙을 존중하는 듯하지만 실제로는 중국이 주장하는 통일도, 대만이 요구하는 독립도 반대하고 있습니다. 하나의 중국, 두 개의 중국 사이에서 양다리를 걸치고 있다고나 할까요.

대만에게는 거리를 두었다가 좁혔다가 하며 오락가락한 태도를 보입니다. 자국 이익에 따라 수시로 태도를 바꾸는 것이죠. 중국에는 어떤 태도를 취했을까요? 중국을 제도권에 편입시켜 관리하는 것이 효율적이란 판단 아래 한동안 중국을 적극적으로 지지해 주었습니다. 일례로 중국이 2001년 세계무역기구에 가입한 건 미국이 전폭적으로 지원해 준 덕분입니다.

그런데 미국이 2001년 9·11 테러, 2007년 세계 금융 위기 등을 거치며 기우는 사이, 중국은 급성장했고 급기야 세계 최강국이라는 미국의 자리를 넘볼 수준에 이르렀습니다. 미국과 중국은 자연 사사건건 부딪치기 시작했습니다. 이 모습을 누구는 "덩치 큰 코끼리 두 마리가 좁은 방에 있는 것과 같다"고 표현했지요.

중국의 새 이념은 민족주의

한편 중국은 1980년대부터 본격적으로 개혁·개방 정책을 추진하면서 자본주의를 받아들여 사실상 더는 공산주의 이념으로 국민을 통치하기가 어려워졌습니다. 국민을 결속할 다른 이념이 절실했죠. 그리고 마침내 찾아낸 것이 바로 민족주의입니다. 민족주의가 강하게 뿌리내리면서 영토는 중국에게 가장 중요한 문제가 되었습니다. 이후 중국은 인도, 파키스탄, 부탄 등과 영토를 놓고 분쟁할 뿐 아니라 동중국해와 남중국해에서도 해상 영유권을 놓고 분쟁하고 있죠. 대만 해협도 첨예한 분쟁 해역 중 하나고요.

이 중 동중국해와 남중국해 분쟁에 대해 잠깐 살펴보겠습니다.

먼저, 동중국해입니다. 이곳은 일본과 대만을 잇는 해협으로 여러 섬이 연결되어 있는 것이 특징입니다. 배타적 경제 수역(Exclusive Economic Zone, 1982년 유엔 해양법 협약을 통해 만들어진 제도. 한 나라의 해양 자원을 탐사·채굴·보존·관리 등을 할 수 있는 권리가 미치는 수역) 확정을 두고 중국, 일본, 대만, 한국이 여전히 갈등을 빚고 있는 지역입니다. 왜 이곳을 서로 차지하려는 것일까요? 천연가스 등 에너지 자원이 풍부하기 때문입니다.

특히 중국과 일본의 갈등이 심합니다. 동중국해에 있는 군도(일본은 센카쿠 열도라 하고, 중국은 조어도라 부른다)를 중국이 자기네 섬이라고 주장했기 때문이죠. 그동안 일본은 제 나라 영토처럼 다스려 왔는데 말입니다. 일본은 1895년에 자신들이 영유권을 주장할 때까지 아무도 살지 않는 주인 없는 섬이었다고 주장하는 반면, 중국은 그 이전부터 중국의 소유였다고 주장하고 있습니다. 미국은 독도 문제에 관해서는 침묵하면서, 센카쿠 열도(조어도)는 일본 것이라고 분명히 밝히고 있습니다.

남중국해는 중국의 남동쪽 해안과 필리핀, 인도차이나, 보르네오 섬으로 둘러싸인 바다를 말합니다. 태평양 일부이고 넓이가 3500만 제곱킬로미터로 오대양을 제외하고는 가장 넓은 바다입니다. 4개의 군도가 있는데 남쪽의 '난사', 서쪽의 '시사', 남동쪽의 '중사', 동쪽의 '둥사'가 그것입니다.

남중국해는 세계에서 가장 바쁜 바닷길입니다. 전 세계 물류의 절반이 이 해협을 통해 운반되기 때문이죠. 전 세계 배의 3분의 1이

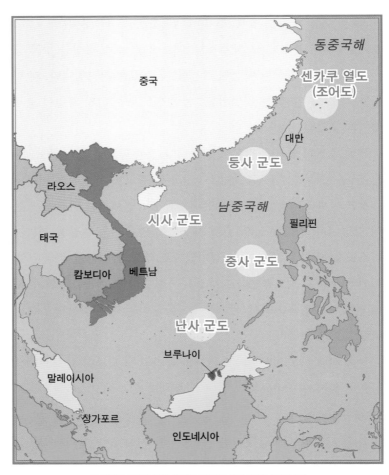

▶ 언제 터질지 모를 화약고 같은 남중국해와 동중국해

반드시 거쳐 가는 곳이고요. 남중국해는 이처럼 교통의 요충지일 뿐만 아니라 동중국해처럼 에너지 자원이 풍부하게 매장되어 있어 다들 탐내고 있는 게 현실입니다. 이런 장점 때문에 남중국해는 미국과 중국이 패권을 놓고 갈등하는 대표적인 곳이 되었습니다. 미국은 남중국해를 통제해 중국을 봉쇄하고 싶어 하죠. 중국은 중국대로 남중국해를 통제해 미국의 계략을 막으려 하고요.

　　중국은 난사와 시사 군도에 인공섬을 건설하고 있습니다. 작은 암초와 산호섬들을 연결하면 순식간에 축구장 14개 크기의 섬이 탄생합니다. 중국은 이곳을 군사 기지로 쓸 예정입니다. 일부엔 벌써 항구와 헬리콥터 이착륙장 등을 만들어 놓았습니다. 미국이 가만있을 리 없죠. 항행의 자유Freedom of Navigation를 주장하며 남중국해에 해군 함대를 보냅니다. 당시 트럼프(제45대) 대통령은 이를 작전Operation으로 격상하며 섬들을 구석구석 항해하는 것으로도 모자라 모의 구조 활동까지 실시합니다. 인공섬에 군사 기지를 만드는 중국과 함대를 보내는 미국, 그리고 미국을 편들며 중국과 대립각을 세우는 대만까지 남중국해는 그야말로 언제 터질지 모를 화약고와도 같습니다.

오락가락하는 미국

중국은 대만 문제로도 미국과 계속 갈등하고 있습니다. 2025년 3월 현재까지 대만은 친미 성향인 민주진보당(이하 민진당)이 집권하고 있습니다. 중국으로선 불편하고 불쾌한 상황입니다. 차이잉원 전 총통은 2021년 10월 미국 CNN과의 인터뷰에서 미군이 대만에 주둔하고 있다는 사실을 밝혀 파장을 일으켰죠. 비공식적이었던 내용을 당국자가 처음 인정했기 때문입니다. 중국은 즉각 반발했습니다. 대만은 중국의 영토니, 미국이 어떤 식으로든 대만에 관여해서는 안 된다는 주장입니다.

2022년 8월에는 미국 하원 의장 낸시 펠로시Nancy Pelosi가 대만을 방문하면서 또다시 중국의 심기를 건드립니다. 하원 의장은 미국에서 권력 서열 3위(1위 대통령, 2위 부통령)입니다. 영향력이 막강한 자리죠. 미국은 펠로시 의장이 탄 전용기를 호위하기 위해 하늘에는 전투기, 바다에는 항공모함과 각종 함대를 띄웠습니다. 중국은 거세게 항의했죠. 그리고 의장이 떠난 직후부터 대만 해협을 봉쇄하고 대규모 군사 훈련을 실시함으로써 불쾌감을 표했습니다. 이뿐 아니라 대만을 가로지르는 미사일까지 발사해 긴장감을 고조시켰습니다.

중국의 시진핑 주석은 제20차 중국공산당 전국대표대회 연설에서 중국은 평화통일을 지향하되 무력 사용도 포기하지 않겠다는 강경한 태도를 보였습니다. 무력 행사 대상은 중국 통일에 간섭하는 '외부 세력'과 '일부 독립 세력'이라고 분명히 밝힙니다. 한마디로 미국에 내정 간섭을 그만두라고 경고한 거죠.

하지만 미국은 시진핑이 계속 권력을 놓지 않을 것이고, 그 경우 대만은 무력 통일이 될 가능성이 높다며 중국을 계속 자극하고 있

▶ 대만을 방문한 낸시 펠로시 미국 하원 의장(왼쪽). 미국이 대만을 외교 대상으로 삼았다는 것은 독립 국가로 인정한 것이나 다름없어 이 일로 중국은 크게 반발했다. 미국은 자국 이익에 따라 대만을 이용해 왔다. 중국이 자신들을 바짝 따라잡자 현재는 대만과 가깝게 지내고 있다.

습니다. 중국이 무력을 행사할 경우를 대비해 일본의 재무장을 부추기고 한·미·일 간의 군사 협력도 강화하고 있습니다.

대만의 정당

대만에는 민진당과 중국국민당(이하 국민당)이 있습니다.

국민당이 중국공산당과 치른 내전에서 패해 대만으로 건너왔다는 건 앞에서 말했습니다. 이후 국민당은 공산당과 다시 싸우기 위해 전열을 가다듬기보다 대만을 통치하는 데 주력하죠. 국가비상사태를 선포하고 그전부터 대만에 살고 있던 본성인을 억압합니다. 이에 대한 반발로 일어난 대표적인 사건이 2·28 항쟁입니다.

이후에도 국민당은 국가 안보를 빌미로 삼아 언론과 시민사회를 수시로 검열하고 감시했습니다. 정당 설립을 금지하고 국민당 일당 독재를 이어 갔죠. 국가기관과 정부 요직을 모두 장악하고요. 장제스 아들 장징궈가 아버지에 이어 총통이 될 정도였죠. 국민당은 38년 동안 계엄령을 유지했고, 1987년이 되어서야 해제합니다.

1986년 이후 대만 사회도 점차 민주화되면서 대만 독립을 주장하는 토착 정당인 민진당이 만들어집니다. 민진당은 계엄령 해제 후 합법 정당으로 활동하게 되죠. 그리고 2000년 마침내 집권합니다. 천수이볜 총통이 8년간 대만을 이끌죠.

민진당은 국민당으로부터 소외된 본성인을 지지층으로 삼습니다. 민진당을 지지하는 본성인들은 중국 본토 수복은 비현실적인 구호라고 생각합니다. 민진당은 국민당이 중국 본토 수복을 핑계로 현상을 유지하고 부패만 일삼는다며 진저리를 치죠. 실제로 국민당은 중국과 대만이 중국과 홍콩, 중국과 마카오 같은 관계로 정착되기를 바랐습니다. 겉으로야 공산당에게 중국 본토를 빼앗겼을 뿐 자신들이 적통이라고 주장하지만, 현실에서는

▶ 2·28 항쟁은 1947년 2월 28일부터 5월 16일까지 대만 전역에서 일어났다. 장제스로 대표되는 외성인의 차별과 폭압 정치에 본성인들이 들고일어난 사건이다. 정부군은 기관총, 대포 등으로 3만여 명이 넘는 시민을 잔혹하게 학살했다. 1987년 계엄령이 해제될 때까지 이 사건은 언급조차 금지되었다. 위 사진은 사건 당시 담배청사로 몰려간 시민들 모습. 아래는 2·28 항쟁을 배경으로 한 영화 〈비정성시〉 스틸 컷

▶ 중화민국 건국 113주년 기념식에 참석한 민진당의 차이잉원 전 총통(왼쪽)과 천수이볜 전 총통. 민진당은 대만은 독립국이 되어야 한다고 주장한다.

'하나의 중국'에 입각해 자치권을 보장받는 쪽으로 기울어 있습니다. 반면 민진당은 대만

이 독립 국가로 나아가야 한다고 단호하게 주장하죠.

　2008년에 국민당이 집권했다가 2016년 이후부터는 민진당이 계속 집권하고 있습니

다. 대만은 2019년 중국이 홍콩 민주화 운동을 진압하는 과정을 지켜보면서 남의 일이

아니라고 여겼을 겁니다. 이후 대만이 미국과 더 가까워진 이유죠.

중국군과 인도군은
왜 몸싸움을
벌였을까

중국 — 인도
분쟁

2020년 6월, 히말라야산맥 일대 갈완 계곡Galwan Valley에서 인도군과 중국군이 충돌했습니다. 이들은 채찍과 쇠몽둥이를 휘둘렀고 군인 중에는 심지어 격투기 선수 출신까지 있었습니다. 이른바 '갈완 계곡 사건'입니다.

사건 이후 인도 정부는 사망자가 20명이고, 부상자는 훨씬 더 많다고 밝혔습니다. 중국은 구체적인 피해 규모를 밝히지 않았습니다. 외신 보도에 따르면 중국 쪽 사상자도 40명이 넘었습니다.

그 후 2022년 12월 인도군과 중국군은 다시 붙습니다. 맨주먹 난투극을 벌이죠. 충돌의 원인도 원인이지만 21세기에 핵무기를 보유한 두 국가가 원시 시대처럼 주먹다짐과 발길질을 하며 싸웠다는 것이 이상합니다. 왜 이 두 국가는 이렇게 옛날식으로 싸운 걸까요?

제멋대로 국경을 그은 영국

인도와 중국은 히말라야산맥을 사이에 둔 이웃 국가입니다. 두 국

▶ 갈완 계곡에서 맞붙은 인도군과 중국군. 사진은 중국 중앙 텔레비전의 군사 관련 채널 CCTV-7 영상 캡처

가의 분쟁을 이해하려면 우선 국경선이 3천 킬로미터에 이른다는 점에 주목해야 합니다. 이 국경선은 크게 3개 구역으로 나눌 수 있습니다. 인도령 카슈미르 지역에서 네팔에 이르는 지역, 네팔에서 부탄에 이르는 지역, 인도 북동부에서 다시 양국이 접경하는 아루나찰 프라데시 지역입니다. 실은 이 국경선은 공식적인 협의를 거쳐 완성된 것이 아닙니다. 이 때문에 국경에서 유혈 충돌이 자주 일어나는 것이죠.

갈등의 씨앗을 뿌린 건 영국입니다. 19세기에 영국이 인도를 식민지로 삼으면서 시작되죠. 당시 인도(인도제국)는 파키스탄, 방글라데시, 스리랑카, 부탄, 몰디브, 미얀마 등까지 포함한 제국이었습니다. 영토가 광대하니 자연 다양한 민족과 종교가 섞여 있었죠.

그런데 영국은 이런 배경을 염두에 두지 않고 자신들 이익을 위해 국경선을 마음대로 그어 버립니다. 먼저 1897년에 러시아제국의 남하를 막기 위해 청나라에 국경선을 제안합니다. 이 국경선 이름이 아다그—존슨 라인Ardagh-Johnson Line입니다. 영국 측량사 존슨이 그은 국경선을 육군 장교 아다그가 영국 정부에 제안하면서 확정되죠. 기존 인도제국에서 좀 더 북쪽(카슈미르 북동쪽)으로 올리려고 한 것입니다. 그렇다 보니 청나라가 지배하던 카슈미르 일부 지역인 악사이 친Aksai Chin까지 포함됩니다. 당시만 해도 국경선이 분명하지 않아 이런 변동이 가능했던 것이죠. 국경이 칼로 자른 듯이 완벽한 선의 형태를 갖춘 건 최근에 이르러서입니다. 20세기까지만해도 강이나 산 등의 자연물을 기준으로 국경을 나누어 국경 기준

▶ 중국과 인도는 긴 국경선을 맞대고 있어 분쟁 지역도 많다. 주황색 지역이 특히 분쟁이 잦은 곳이다.

이 애매한 경우가 많았습니다.

당연히 청나라는 반감을 표합니다. 그러자 영국은 1899년 악사이 친을 다시 청나라에 돌려줍니다. 일명 매카트니-맥도널드 라인 MacArtney-MacDonald Line입니다. 당시 영국 외교관 맥도널드가 청나라에 가서 제안한 것이라서 이런 이름이 붙었죠. 청나라는 이런 영국의 수정안에 공식적인 수락도, 거부도 하지 않았죠. 당시 청나라는 의화단 사건이 터지는 등 사회가 혼란스러웠거든요. 청나라가 계속 묵묵부답하자 영국은 첫 번째 제안인 아다그-존슨 라인을 일방적으로 국경으로 확정해 버립니다. 1947년 영국에서 독립한 인도 역시 이것을 국경으로 삼았고요.

영국이 인도를 독립시킨 이유는 인도인들이 계속 독립 투쟁을 벌이는 데다 인도에서 더는 경제적 이득을 볼 것이 없다고 판단해서입니다. 영국은 떠나면 그만이지만, 영국이 그어 놓은 국경은 훗날 문제를 일으킵니다.

인도가 독립할 당시만 해도 중국은 국경선을 따질 겨를이 없었습니다. 국민당과 공산당이 내전 중이었거든요. 그러다 1949년 10월 중국에 중화인민공화국이 들어서죠. 이후 나라가 안정되면서 중국은 국경선에 관심을 갖게 됩니다. 중국은 국경 분쟁 씨앗을 뿌린 영국을 강하게 비판하는 한편, 영국의 주장을 그대로 수용한 인도 정부도 비난합니다. 제국주의에 굴복했다는 지적이죠.

사이가 틀어진 이유

중국과 인도가 국경선을 놓고 본격적으로 갈등하기 시작한 건 1950년 중국이 티베트를 침공해 점령하면서입니다. 유엔이 한국전쟁에 집중하는 틈을 타 마오쩌둥은 티베트를 기습해 손쉽게 점령해 버립니다.

건국 1년 만에 중국은 왜 서둘러 이런 전쟁을 벌였을까요? 윈난성·쓰촨성과 접한 티베트 지역이 혹시라도 인도 쪽으로 돌아서면

북서부의 신장·위구르 자치구가 위협받을 수 있다고 우려한 것이죠. 중국은 티베트를 차지하고 싶었습니다. 중국 영토의 8분의 1에 해당할 만큼 영토가 넓을 뿐 아니라 청나라 때 조공을 바치던 나라니 자국 땅이란 생각이 기본적으로 있었죠.

중국이 티베트를 점령하자 인도는 크게 당황합니다. 중국과 바로 국경선이 맞닿게 되었기 때문이죠. 티베트 서쪽부터 파키스탄, 인도, 네팔, 부탄, 방글라데시, 미얀마까지 국경이 맞닿거나 최소한 근접해지는 아주 긴 국경선이 생겨 버린 겁니다. 더욱이 인도는 서남아시아(인도·파키스탄·아프가니스탄·방글라데시·스리랑카·태국·베트남·캄보디아)에서 우두머리가 되고 싶었는데 중국이 뒤통수를 겨누고 있으니 여간 불편해진 상황이 아니었죠.

중국이 티베트에 점령당하자 티베트 불교 수장인 달라이 라마와 추종자들은 1959년 인도로 망명합니다. 인도가 망명 정부를 받아들이자 중국은 분노합니다. 인도가 미국이나 영국 등 서유럽과 연대해 자신들을 압박한다고 보았기 때문이죠.

중화인민공화국이 들어선 직후만 해도 중국과 인도는 사이가 꽤 좋았습니다. 인도는 미국이나 서유럽보다 먼저 중국을 국가로 인정

🌐 티베트

4세기~9세기 중엽까지 중앙아시아에서 왕국을 유지했다. 그 중 하나가 토번 왕국이다. 토번 왕국은 티베트 문자를 사용했고, 3세기 동안 9대의 왕이 다스렸다. 토번 왕국 이후에도 나라들은 있었으나 문자로 기록되지 않아 역사를 정확히 알 수는 없다. 원나라, 청나라의 지배를 받다 1912년 청나라가 신해혁명으로 무너지자 달라이 라마는 독립을 선언한다. 티베트 왕국이 되었다. 하지만 1950년 10월 중국이 침공해 점령한다. 점령에 반발한 달라이 라마(제14대) 등은 인도로 망명해 1959년 망명 정부를 세웠다.

▶ 티베트 라싸에 있는 포탈라궁. 중국이 티베트를 점령한 후 제14대 달라이 라마가 인도로 망명하면서 이 궁은 박물관으로 남았다. 1994년에 유네스코 세계유산으로 등재되었다.

해 주었거든요. 그런데 티베트 망명 정부를 허락한 이후로 둘 사이
가 급속히 나빠집니다. 그리고 1959년 가을부터 국경선을 놓고 무
력 충돌을 벌이기 시작했죠.

1962년에 두 나라는 크게 부딪칩니다. 중국이 맥마흔 라인McMahon
Line(93쪽 지도 참고)에 근거해 인도 북서부 라다크 지역(악사이 친)과 북동
부 아루나찰 프라데시Arunachal Pradesh 지역을 자기네 땅으로 편입하
려고 했거든요.

티베트는 오랫동안 청나라 지배를 받다 1914년에 독립합니다.
1912년 신해혁명으로 청나라가 무너진 후였죠. 독립 당시 인도를
실제로 지배했던 영국과 중화민국, 티베트가 그은 국경선이 맥마흔
라인입니다. 이 조약을 영국 외교관 맥마흔이 주도해 이렇게 부르
게 됐죠. 맥마흔은 티베트 땅(라다크와 아루나찰 프라데시 지역)을 인도가
더 점령하게 그었습니다. 영국의 식민지 통치 전략이 '분할 통치'인
데, 영국이 식민지 인도와 중국 사이를 갈라놓기 위해 이렇게 국경
선을 그었다는 분석도 있습니다. 당시 이 국경선을 중화민국은 승
인하지 않았습니다. 티베트를 독립
국으로 보지 않았기 때문이죠.

인도가 티베트 망명 정부를 받아
들인 이후 중국은 인도에 앙심을 품
습니다. 인도에게 보복할 기회를 계
속 엿보죠. 그러다 1962년 맥마흔
라인에서 전쟁을 일으킨 겁니다. 인

🌐 **중화민국**
1912년 신해혁명으로 청나라가 무너
진 이후부터 1949년 중화인민공화국
이 들어설 때까지 사용한 중국 국명이
다. 국공 내전에 패한 국민당이 대만
섬으로 탈출해 나라를 세운 후 중화민
국이라 불렀다. 현재의 대만이다. 이
를 근거로 대만의 국민당은 지금도 중
화인민공화국이 아니라 자신들이 중
국의 적통이라고 주장한다.

도가 먼저 중국을 공격한 것으로 되어 있지만 많은 전문가가 중국이 인도를 도발했다고 분석합니다. 중국은 맥마흔 라인 체결 당시 티베트는 독립 국가가 아니었다고 주장하죠. 그러니 맥마흔 라인은 꼭 지킬 필요가 없다는 겁니다.

전쟁 결과 인도가 참패합니다. 국제 사회가 중국을 비난하고 미국이 인도양으로 항공모함까지 보내자, 중국은 느닷없이 휴전을 선언해 버립니다. 아루나찰 프라데시에서 점령했던 영토와 4천여 명의 인도 포로도 돌려주죠. 그러고는 느닷없이 인도령 카슈미르의 악사이 친을 점령해 버리죠. 청나라 때 아다그-존슨 라인을 수락한 적이 없다면서 말입니다.

1962년 전쟁 이후에도 두 나라의 국경 분쟁은 계속되었습니다. 다만 대표적인 두 분쟁 지역을 하나씩 나누어 가짐으로써 참고 있는 중이죠. 인도는 아루나찰 프라데시(중국은 이 지역을 '남티베트'라고 부른다)를 갖고, 중국은 악사이 친을 갖는 식이었죠.

1996년에서야 두 나라는 가까스로 협정을 맺고 아루나찰 프라데시, 악사이 친 두 지역에 실질 통제선LAC, Line of Actual Control이라는 완충 지대를 설정했습니다. 실질 통제선은 국제법에 따르면, 확정된 국경선은 아닙니다. 양측이 군대를 배치하고 있으니 순찰 중 언제든지 무력 충돌로 확장될 위험이 있죠. 중국과 인도도 이런 현실을 잘 알고 있습니다. 그래서 순찰 시 군인들은 총을 비롯한 무기를 소지할 수 없고 최소한의 호신용 무기만 갖고 다닙니다. 갈완 계곡에서 양국 군인들이 육탄전을 벌인 배경이죠.

내 땅에 도로 짓겠다는데 왜?

중국과 인도의 국경 분쟁은 이웃 나라 부탄에까지 영향을 끼쳤습니다. 도클람(Doklam, 중국은 둥랑이라 하고, 인도는 도카라라고 한다)은 중국·인도·부탄이 함께 만나는 지역(93쪽 지도 참고)인데, 실제로는 부탄이 지배하고 있습니다.

그런데 2017년 6월 중국이 자기네 땅이라며 이곳에 일방적으로 도로를 건설하기 시작했습니다. 인도는 반대했죠. 이런 상황에서 양국 군대가 순찰 도중 대치하다 몸싸움을 벌였습니다. 이때도 주먹질을 하거나 돌을 던지거나 몽둥이를 휘두르는 등의 패싸움을 벌였죠. 중국 군인들은 인도 초소 두 곳을 파괴했습니다.

양국은 두 달 넘게 대치하다 전면전으로 커질 것을 우려해 극적으로 타협하죠. 하지만 중국은 도로 건설을 중단하지 않았고, 인도는 미사일 발사 실험 같은 무력시위로 항의했습니다. 이 지역엔 다시 긴장감이 맴돌았죠. 부탄은 한동안 두 나라 사이에 끼여 진땀을 흘려야 했습니다.

도클람 사건처럼 중국과 인도의 국경 분쟁은 실질 통제선 부근에 도로나 다리를 집중적으로 건설하면서 일어나곤 했습니다. 2020년 5월에 중국이 라다크 지역의 판공Phangong 호수에 다리를 세우려고 해서 인도와 갈등을 빚었죠. 이해 6월에 일어난 갈완 계곡 사건은 인도가 라다크 지역을 통과하는 도로를 건설하려고 해서 일어났습니다. 인도는 1만 명이 넘는 인력을 투입할 예정이었고 이 중 2천 명 정도가 선발대로 갔습니다. 인도 노동자들이 삽을 뜨자 중국군이 넘어가 작업을 방해하기 시작했고, 양측 600명이 뒤엉키면서 일대는 순식간에 아수라장이 되어 버렸죠.

갈완 계곡 사건은 1962년 국경 분쟁 이후 가장 큰 규모의 사상자를 낸 사건입니다. 총기를 사용하지는 않았지만 쇠몽둥이를 비롯해 상대에게 치명타를 입힐 수 있는 무기를 동원했기 때문이죠. 이 사건으로 인도 전역에서는 중국 제품 불매 운동이 벌어졌습니다. 심지어 인도의 수도 뉴델리에서는 중국산 휴대폰과 컴퓨터를 불태우는 시위까지 있었죠. 인도 정부는 중국 앱인 틱톡, 위챗 등의 사용을 금지하고 1억 명이 넘는 인도 국민이 사용하던 검색 엔진 바이두Baidu를 차단하는 조치까지 단행합니다. 특히 인도 스마트폰 시장에서 중국 제품이 70퍼센트 이상을 차지했기 때문에 중국에 큰 타격을 줄 것으로 보였죠.

이런 갈등에도 중국과 인도는 2022년에만 해도 양국 교역 역사상 최대 규모로 경제 교류를 했습니다. 사실 인도는 밀려드는 값싼 중국 제품 탓에 무역 적자가 극심합니다. 인도 정부는 중국산 원자재와 주요 부품들의 관세를 높이는 등 적자를 줄이기 위해 노력 중이죠. 하지만 단기간에 원자재나 부품들을 국산화하긴 어려우니 당분간은 중국에 의존할 수밖에 없는 현실입니다.

▶ 갈완 계곡 사건 직후 인도 전역에서 중국 제품 불매 운동이 벌어졌다. 사진은 시위대가 시진핑 국가주석의 사진을 불태우는 장면.

서두를 필요 없다

그렇다면 두 강대국 간의 국경 분쟁은 과연 해결책이 있을까요? 전문가들조차 어깨만 으쓱할 뿐 뾰족한 해결책을 내놓지 못합니다. 일단 분쟁 지역이 장장 3천 킬로미터로 어마어마합니다. 히말라야 산맥 일대에서만 국경 분쟁이 벌어지는 지역이 20곳이라고 하죠. 그리고 분쟁 원인이 조금씩 다르고 양국의 이해관계가 달라 하나의 해결책이 나오기 힘들다는 것이 중론입니다.

국경 분쟁을 해결하기 위해 노력하지 않은 건 아닙니다. 1992년 이후로 양국 고위급 회담이 20여 차례 있었지만 별로 진전이 없었죠. 두 나라 모두 서둘러 해결하고 싶은 마음이 없기 때문입니다. 괜히 조급하게 덤볐다가 손해를 보느니 지금 상태를 유지하는 것이 더 낫다고 판단한 것이죠.

다른 이유들도 생겼고요. 일례로 중국은 1960년대만 해도 점령한 악사이 친이 전략적으로 중요한 곳이어서 이를 지키기 위해 전력을 다했지만, 지금은 이 지역에 애면글면하지 않아도 되는 상황입니다. 지난 수십 년간 신장·위구르 자치구에 대규모로 투자한 결과 이제는 신장·위구르를 활용해 파키스탄이나 중동과 교류할 수 있게 됐기 때문이죠. 더욱이 중국은 그동안 국력이 강력해져 국경 분쟁 문제에서도 인도를 압도하고 있다고 자신하고 있습니다. 그래서 언젠가는 자신들이 원하는 방식으로 결론이 날 거라 믿는 듯합니다.

 객관적으로 보면 인도가 약간 불리하기는 하지만, 그렇다고 해서 인도 역시 조급하게 생각하는 건 아닙니다. 심지어 인도 정부는 중국과의 갈등을 국내 정치에 활용합니다. 외부의 적, 그중에서도 중국처럼 큰 적이 존재하면 내부를 결집할 좋은 기회가 되기 때문이죠. 물론 중국도 인도와의 국경 분쟁을 국내 정치에 잘 활용합니다. 특히 민족주의가 통치 전략인 시진핑에게 국경 분쟁만큼 애국심을 고취하기 좋은 소재는 없으니까요. 분쟁을 평화적으로 해결하려면 상당한 수준의 양보를 해야 하는데, 그러면 지지율만 떨어지기 때문에 더더욱 이런 방법엔 관심이 없는 겁니다.

 마침 세계는 각자도생의 길로 들어섰습니다. 국가 이기주의와 배타적 민족주의의 시대라 해도 과언이 아니죠. 이런 세계 분위기는 중국과 인도의 국경 분쟁 문제를 바라보는 데에도 그대로 반영됩니다. 앞으로도 핵을 보유한 두 나라 군인들 간에는 피를 부르는 주먹다짐과 몸싸움이 계속되겠죠.

중국 자리 넘보는 인도

한편 국제 사회에서 인도의 부상이 예사롭지 않습니다. 인도는 코로나19 팬데믹 이후 중국이 주춤하는 사이 경제, 정치, 외교 등 다양한 분야에서 영향력을 확대하고 있습니다.

미국을 비롯한 글로벌 기업들은 코로나19 팬데믹 때문에 중국과 갈등하면서 중국을 점점 더 멀리하고 있습니다. 그리고 인도가 중국을 대신할 수 있을지 주목하고 있죠. 아주 오랫동안 인구 1위 국가는 중국이었습니다. 이제 순위가 바뀌었습니다. 인도가 1위입니다. 2023년 1월 현재 인도에는 약 14억 2천만 명이 살고 있습니다. 유엔은 2050년이면 16억 명이 넘을 거라고 내다봅니다. 인도는 인구가 많을 뿐 아니라 그 인구의 평균 나이가 20대라는 점에서 더 주목을 받고 있지요.

이런 인력 자원 덕분에 인도는 앞으로 10년 안에 세계 3위의 경제 대국이 될 거라고들 전망합니다. 2022년 현재 국내총생산GDP만 봐도 세계 5위입니다. 영국이 6위입니다. 국제통화기금은 2025년이면 인도가 독일을, 2027년에는 일본도 따라잡아 세계 3위에 오를 거라고 내다봅니다.

마침 미국이 중국을 적극적으로 견제하고 압박하니 인도로서는 이보다 더 좋을 수 없죠. 인도는 노동력이 풍부한 데다 제조업 역사가 길고, 정부가 산업 발전을 적극적으로 지원하고 수출 길도 열어주니, 외국 기업 입장에서 보면 모든 것을 갖춘 나라라고 할 수 있습니다. 전 세계가 인도에 주목하는 이유죠.

인도 역시 세계적인 탈중국 움직임에 적극적으로 올라타고 있습니다. 해외 기업들이 자국에 투자할 수 있게 각종 인센티브 정책을 펼칩니다. 이런 정책 영향인지 애플의 협력 업체인 대만의 폭스콘Foxconn은 중국 투자를 줄이고 인도 투자를 늘리고 있습니다. 물론

▶ 인도는 예로부터 중립을 지키며 실리를 추구해 왔다. CNN이 인도를 적대적인 나라들과도 좋은 관계를 맺을 수 있는 지구상에서 몇 안 되는 나라라고 평가한 이유다. 사진은 인도의 나렌드라 다모다르다스 모디Narendra Damodardas Modi 총리

아직은 인도의 경제 규모가 중국을 대체할 정도는 아니라고 분석하는 전문가가 많습니다.

쿼드Quad, Quadrilateral Security Dialogue는 미국·호주·인도·일본 4개국이 맺은 안보 협의체입니다. 그럼에도 미국은 쿼드에서 가장 중요한 플레이어로 호주도 일본도 아닌 인도를 지목하고 있죠. 인도가 중국을 견제할 것이고 훗날 중국을 대신할 최고의 대체국이라고 판단

한 겁니다.

 하지만 미국 계획대로 될지는 모르겠습니다. 인도는 철저하게 실리를 추구하는 나라이기 때문이죠. 무슨 말이냐면, 미국이 중국을 견제하는 데 자신들을 이용한다는 걸 인도도 알고 있다는 겁니다. 미국 입맛대로 움직여 주지 않으리라는 것이죠. 더욱이 인도는 브릭스 회원입니다. 브릭스BRICS는 브라질Brazil, 러시아Russia, 인도India, 중국China, 남아프리카 공화국South Africa의 앞 글자를 따서 만든, 경제적으로 급성장하는 국가들 모임입니다. 2009년에 러시아 예카테린부르크에서 첫 정상회의를 열었죠. 미국이 중국, 러시아를 압박하면 인도는 브릭스 회원국이란 점을 들어 미국에 맞설 수도 있습니다. 미국이 인도를 만만히 상대할 수 없는 이유죠.

 인도는 중국과 국경 분쟁을 벌일 때는 미국과 가깝게 지내지만, 그렇다고 해서 반중 노선을 취하지는 않아요. 미국이 러시아를 경제적으로 제재하려는 것에도 반대합니다. 러시아는 인도에 무기와 값싼 석유를 공급하는 데다 독립 이후 미국보다 더 많은 도움을 주었기 때문이죠. 그러면서도 푸틴을 만났을 때는 전쟁을 중단하라고 따끔하게 충고할 정도로 주체적인 존재감을 과시합니다. 미국의 한 컨설팅 업체가 진행한 2022년 조사 결과에 따르면, 인도는 중국만큼 미국 역시 위협적인 대상으로 여긴다고 합니다.

 인도는 쿼드에서 미국과 합동군사훈련을 하고 2022년 9월에는 러시아, 중국과도 합동군사훈련을 했습니다. 이런 인도를 CNN은 적대적인 나라들과도 좋은 관계를 맺을 수 있는 지구상에서 몇 안

되는 나라라고 평가했죠. 인도는 그만한 능력이 있을 뿐 아니라 그러려는 의지가 있다는 점에서 주목해야 합니다.

물론 미국은 이런 인도의 이중적인 태도에 불만을 품고 있죠. 사실 인도는 냉전 시대에도 제3지대 역할을 꾸준히 했던 것으로 유명합니다. 이른바 '비동맹 운동'의 리더로, 미국과 소련 사이에서 제3세계를 대변하는 역할을 했죠.

이웃과 왜
싸우게 되었을까

인도 ― 파키스탄
카슈미르 분쟁

여기서는 앞 장에서 잠깐 언급했던 카슈미르 지역에서 벌어진 분쟁
에 대해 다루려고 합니다.

카슈미르 지역은 카슈미르 계곡을 중심으로 히말라야산맥과 피
르 판잘Pir Panjal 산맥 사이에 위치한 고산 지대입니다. 사계절이 뚜
렷하고 '지상의 천국'이라 할 정도로 히말라야산맥을 비롯해서 관
광 자원이 아주 많은 곳이죠. 무굴제국 때부터 유명한 관광지였습
니다. 수자원이 풍부하고 땅도 비옥해 벼농사뿐 아니라 농작물 재
배도 잘되는 데다 루비 등의 지하자원도 풍부하죠. 직조업도 발달
해서 우리에게도 익숙한 캐시미어의 본고장이기도 합니다.

이처럼 카슈미르 지역은 탐낼 조건이 많은 땅입니다. 이곳에선
11세기부터 이슬람 왕조가 흥망을 거듭했습니다. 16~19세기 중반
까지는 인도 최초의 통일 국가인 무굴제국의 땅이었죠. 무굴제국
이 영국 식민지가 되면서 인도제국이 되었고요. 그래서 인도제국을
보통 '영국령 인도'라고 합니다. 앞서 말했듯이 2차 대전이 끝난 후
1947년 영국은 인도를 떠납니다.

이후 인도에서는 임시정부 수립을 놓고 힌두교도와 이슬람교도

(무슬림)가 극심하게 갈등합니다. 그 결과 힌두교는 인도, 이슬람교는 파키스탄이란 국가로 나뉩니다. 카슈미르 지역도 인도 땅과 파키스탄 땅으로 나뉘고요. 훗날 인도령 일부인 악사이 친을 중국이 차지하면서 카슈미르 지역은 인도령, 파키스탄령, 중국령 3곳으로 나뉩니다.

이슬람을 억누른 영국

인도와 파키스탄은 카슈미르 지역의 실질 통제선을 두고 오랫동안 다투어 왔습니다.

이 분쟁은 인도를 지배했던 영국 탓이 큽니다. 앞서 말했듯이 영국의 소위 '분할 통치'는 그야말로 악명이 높습니다. 영국은 인도를 지배하는 동안 의도적으로 이슬람교와 힌두교의 차이를 부각해 두 종교인들 간에 적대감을 품게 했고 이런 감정은 독립한 이후에도 사람들을 지배했죠. 인도와 파키스탄 분쟁의 가장 큰 원인은 이런

▶ 카슈미르는 풍광이 아름다워 무굴제국 때에도 관광지로 유명했다. 농작물 재배도 잘되고 지하자원도 풍부해 탐내는 국가가 많았다. 사진은 인도령 라다크 지역

맵 레이블:
타지키스탄
아프가니스탄
중국
파키스탄령
길기트-발티스탄
중국령
(악사이 친)
카슈미르
실질 통제선
카르길
실질 통제선
아자드
카슈미르
인도령
라다크
잠무
카슈미르
파키스탄
인도

▶ 인도, 파키스탄, 중국으로 나뉜 카슈미르

감정에 있다고 봐야 할 것입니다. 이런 영국의 분할 통치를 그대로 따라 한 나라가 있죠. 바로 일제입니다. 일제는 우리나라를 지배할 당시 지역감정을 조장해 사람들을 분열시키려고 했습니다.

영국은 분할 통치를 통해 이슬람 세력을 약화하려고 했습니다. 이를 위해 힌두교 사람들을 지배층으로 편입시켰죠. 영어를 포함한 서구식 교육을 시켜 친영 세력으로 만든 겁니다. 이슬람 세력이 가만히 보고만 있었을까요? 자신들도 교육에 투자하는 등 힘을 기르기 위해 애씁니다.

이런 흐름을 본 영국은 영악한 방법을 씁니다. 이이제이입니다. 이이제이以夷制夷는 중국 한족이 한족 이외의 종족을 지배하던 통치 전략인데, 오랑캐로 오랑캐를 제어한다는 뜻입니다. 자신은 애쓰지 않고 다른 나라의 힘을 이용해 또 다른 적을 제압한다는 것입니다. 영국은 힌두교의 영향력이 지나치게 커지는 것을 막기 위해 이슬람 세력도 동시에 지원합니다.

2차 대전 직후 영국은 인도를 떠나기로 했고 인도는 임시정부 수립을 놓고 갈등합니다. 간디는 "분단은 곧 인도를 생체로 해부하는 것"이라며 통일된 인도를 간절히 바랐지만, 뜻대로 되지 않았습니다. 힌두교 세력과 이슬람 세력 대표가 만나 담판을 벌였지만 합의에 이르지 못했던 거죠. 이를 지켜보던 영국은 제 마음대로 1947년 8월 14~15일 이틀에 걸쳐 인도를 파키스탄과 인도, 동파키스탄(현재의 방글라데시) 3국으로 분할해 버립니다.

분할된 카슈미르

그냥 생각해도 국경선은 함부로 정할 일이 아니죠. 오랜 논의 끝에 정해도 문제가 남을 일인데 영국이 일방적으로 결정해 버린 겁니다. 도로와 철로, 통신과 전력 시설 등 인프라까지 마음대로 분할합니다. 심지어 사유재산까지 자기들 마음대로 나누어 버립니다. 그

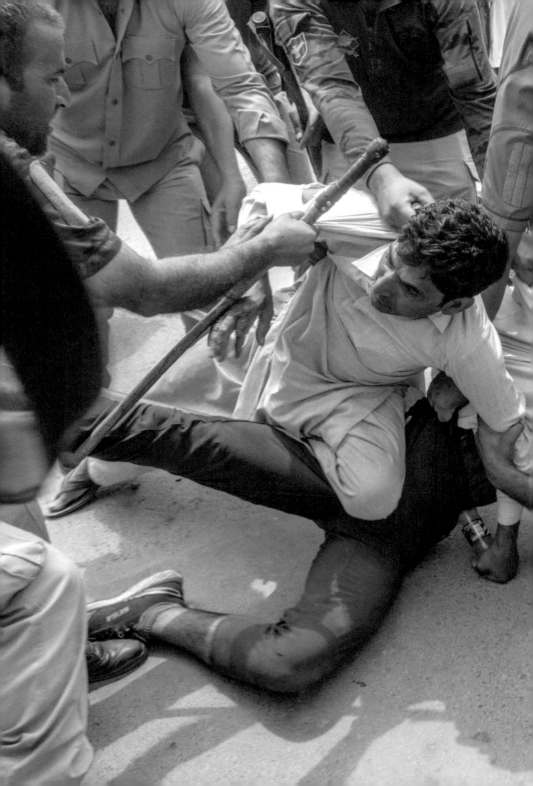

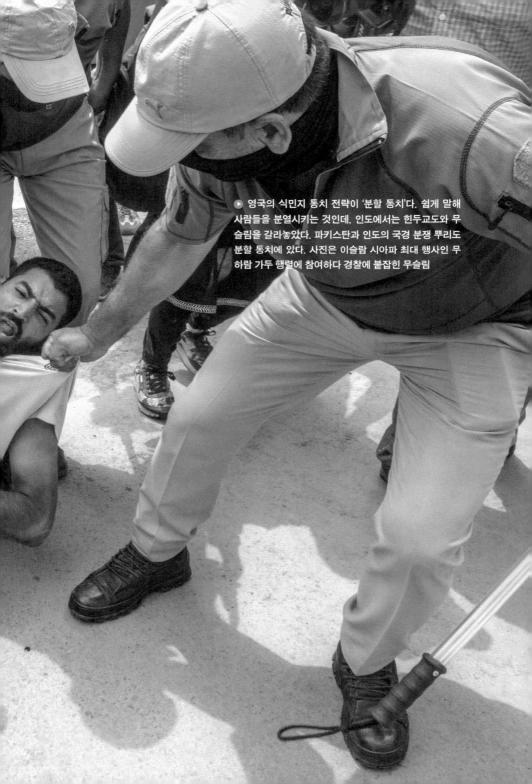

▶ 영국의 식민지 통치 전략이 '분할 통치'다. 쉽게 말해 사람들을 분열시키는 것인데, 인도에서는 힌두교도와 무슬림을 갈라놓았다. 파키스탄과 인도의 국경 분쟁 뿌리도 분할 통치에 있다. 사진은 이슬람 시아파 최대 행사인 무하람 가두 행렬에 참여하다 경찰에 붙잡힌 무슬림

로 인해 어떤 집은 이 방은 파키스탄에, 저 방은 인도에 속하는 웃지 못할 해프닝까지 벌어집니다. 2천만에 가까운 사람들이 고향을 떠나야 했고요.

특히 벵골주와 펀자브주 사람들이 큰 피해를 입습니다. 벵골주 서쪽과 펀자브주 동쪽은 인도, 그 반대편은 파키스탄이 되었으니까요 (훗날 동벵골은 방글라데시로 독립한다). 벵골주와 펀자브주는 종교 비중이 비슷해 평온한 곳이었는데, 영국이 강제로 땅을 나누어 종교 비중이 달라져 버립니다. 여기서 갈등이 시작됐고, 유혈 사태로 이어지죠.

이 중 펀자브주 국경 분쟁은 인접한 카슈미르 지역으로 확산됩니다. 영국에서 독립할 당시 카슈미르 지역의 대부분 주민은 이슬람교도였습니다. 당연히 이들은 자신들 땅이 무슬림이 많은 파키스탄에 속하기를 바랐습니다. 파키스탄에 인접해 있기도 했고요. 하지만 카슈미르의 지배층은 힌두교도였습니다. 이들은 전체 인구의 20퍼센트에 불과했지만, 대다수 주민의 의사를 무시하고 일방적으로 인도에 편입해 버립니다. 파키스탄은 반발했고, 이 문제로 1948년 인도와 전쟁을 벌입니다. 1949년 유엔의 중재로 전쟁이 중단되었고, 카슈미르 지역은 인도령(잠무 카슈미르Jammu and Kashmir와 라다크Ladakh 지역)과 파키스탄령(아자드 카슈미르Azad Kashmir와 길기트-발티스탄Gilgit-Baltistan 지역)으로 나뉩니다. 앞에서도 언급했듯이 여기에 중국이 끼어들면서 문제가 더 커지죠. 인도령을 침공해 악사이 친 지역을 점령해 버렸거든요.

벵골주의 문제도 조금 더 짚어 볼게요. 서벵골은 인도, 동벵골은

파키스탄 땅이 되었다고 했습니다. 동벵골 지방의 무슬림들이 동파키스탄을 세우긴 했지만, 정치적 실권은 모두 서파키스탄(오늘날의 파키스탄)이 장악했습니다. 1970년 태풍 피해로 동파키스탄 국토의 대부분이 수몰되고 50만여 명이 사망하자 동파키스탄인들의 분노가 폭발합니다. 이것은 동파키스탄의 독립 운동으로 발전합니다. 정부군이 이들을 탄압하자 많은 동파키스탄인이 인도로 넘어갑니다. 당시 인도는 이 난민들을 받을 여력이 없었습니다. 그래서 동파키스탄의 독립을 돕죠. 정부군이 가만히 있지 않았겠죠. 동파키스탄 정부와 인도 사이에 전쟁이 터집니다. 인도가 승리해 동파키스탄은 인도가 바라던 대로 1971년 2월 '방글라데시'라는 나라로 독립합니다.

　1980년대 들어와서도 카슈미르 지역에서 인도와 파키스탄은 계속 충돌합니다. 실질 통제선을 사이에 두고 인도군은 파키스탄 점령 지역에 대포를 쏘아 대고, 파키스탄은 인도 지역에서 이슬람 무

▶ 분쟁 지역 중 하나인 라다크의 도시 카르길

장 세력을 부추겨 자주 테러를 일으켰습니다. 1999년에는 카르길 Kargil 분쟁도 일어나죠. 이 전쟁은 1999년 5월 파키스탄군이 인도 점령 지역인 라다크의 도시 카르길(116쪽 지도 참고)을 불법 점령하면 서 터집니다.

왜 카르길을 점령했을까요? 인도령 카슈미르를 관통하는 고속도 로를 직접 공격할 수 있는 고지대였기 때문이에요. 이를 통해 인도 땅을 조금 더 점령하려던 것이겠지요. 이해 7월 파키스탄군이 패해 물러가면서 전쟁은 끝납니다.

두 나라는 2004년부터 평화의 길을 모색합니다. 잦은 전쟁과 무력 대치로 인해 서로 경제적인 타격만 입기 때문이죠. 점점 더 가난해지고 피폐해질 뿐이란 걸 자각한 겁니다. 다른 나라들도 평화를 바랐습니다. 인도와 파키스탄 모두 핵무기를 갖고 있기 때문이죠. 하지만 평화의 길은 멀어 보입니다. 이후로도 서로의 나라에서 테러를 저질러 보복전이 이어지고 있기 때문이죠. 2021년 2월, 두 나라는 공동 성명을 발표합니다. 지금까지 맺은 모든 휴전 협정을 준수하겠다는 약속이었습니다.

'두 개의 인도' 주장하는
파키스탄

카슈미르 분쟁 원인은 앞에서도 지적했듯이 일단 영국이 종교 비중을 염두에 두지 않고 땅을 억지로 갈라놓은 데 있습니다. 종교가 다르다는 것이 그렇게 큰 문제일까 싶겠지만, 실제로는 아주 큰 문제로 작동합니다. 인도에서는 힌두교가 가장 우세합니다. 물론 이슬람교, 시크교, 불교 등 다른 종교들도 있습니다. 인도는 종교와 정치는 분리한다는 세속주의를 내세우고, '하나의 인도'를 지향합니다. 반면 파키스탄은 종교와 정치를 거의 분리하지 않고, '두 개의 인도'를 주장하죠. 즉 이슬람교와 힌두교는 타협할 수 없을 정도로 완전히 다르니 분리되어야 한다는 것입니다.

많은 이슬람 국가처럼 파키스탄은 정치에서도 이슬람의 이념을 중시합니다. 파키스탄은 인더스강의 원류가 카슈미르이고, 이 지역 사람들은 강에 목재를 떠내려 보내며 파키스탄과 교역해 왔기 때문에 이곳을 포기할 수 없다고 합니다. 인도는 카슈미르가 러시아·중국·아프가니스탄과 붙어 있는 전략적 요충지이기에 포기할 수 없고요.

인도는 카슈미르의 약 60퍼센트를 차지하고 있습니다. 그래서 분쟁을 국내 문제로 여깁니다. 반면 파키스탄과 인도령 카슈미르 내부의 분리주의자들은 국제 분쟁이라고 주장하죠. 인도령 카슈미르 인구의 약 80퍼센트가 무슬림입니다. 인도에서 무슬림이 가장 많은 곳이죠. 그럼에도 이 무슬림들은 심한 차별에 시달리기 때문에 파키스탄에 편입되기를 바라고 있습니다. 이에 파키스탄은 1947년 유엔 결의에 따라 카슈미르를 누구 땅으로 할지 주민투표를 실시해 결정하자고 주장합니다. 자신들이 점령하려는 계산이죠.

이를 모를 리 없는 인도는 들은 척도 하지 않습니다.

파키스탄과 손잡은 중국

여기에 중국과 러시아까지 카슈미르 분쟁에 개입하는 터라 이 지역의 분쟁은 해결책을 찾기가 더 어려워졌습니다. 중국은 파키스탄에, 러시아는 인도에 무기와 군사 기술 등을 제공하고 있습니다. 특히 중국의 개입에 주목해야 합니다. 중국은 일대일로 정책을 펴고 있죠. 일대일로一帶一路는 '하나의 띠, 하나의 길'이라는 뜻으로, 중국과 유라시아·아프리카·중동·유럽을 연결하는 경제 벨트 구상입니다. 이를 위해 중국은 중국 서부–중앙아시아–러시아–유럽을 잇는 육상 실크로드와 중국 남부–동남아시아–중동–아프리카–유럽을 연결하는 해상 실크로드를 건설하고 싶어 하죠.

중국은 일대일로를 구현하기 위해 파키스탄과 적극적으로 손을 잡았습니다. 지금까지는 남중국해를 통해 물류를 했는데 이제는 중국의 신장·위구르에서 파키스탄 과다르항까지 육로를 확보해 중동에서 에너지도 쉽게 수입하고 아울러 중동, 유럽에 수출도 하겠다는 것입니다. 중국은 파키스탄에 엄청난 규모로 투자하고 있습니다. 여기에는 인도를 견제하려는 목적도 깔려 있을 겁니다.

인도 정부도 가만히 있지는 않습니다. 2019년 10월 카슈미르를 자치 지역에서 직할지로 변경했습니다. 이제 자신들이 직접 다스리겠다는 거지요. 특히 눈에 띄는 조치는 타지인을 받아들이기로 한 겁니다. 자치 지역으로 둘 때는 카슈미르 지역의 종교 특성을 감안해 이주민을 받지 않았거든요. 이것은 중국이 신장·위구르에 한족을 이주시켜 대부분 무슬림인 신장·위구르인들의 고유한 전통과 정체성을 약화한 정책을 모방한 것이죠. 인도는 이슬람교와 불교가 주를 이루던 곳에 힌두교도들을 이주시키려는 것입니다. 당연히 주민들은 반발합니다. 인도 정부는 인터넷을 포함한 통신까지 차단하면서 강경하게 진압했습니다.

여느 분쟁과 마찬가지로 인도령 카슈미르 내의 분쟁 역시 국내 분쟁과 국제 분쟁의 성격을 모두 포함하고 있습니다. 종교와 민족, 그리고 주변 열강의 이해관계 등이 복합적으로 얽혀 있기 때문이지요. 분쟁 해결이 어려운 또 다른 이유는 인도령 안의 분리주의자들이 하나가 아니라서입니다. 순수하게 독립을 원하는 조직들이 있는가 하면 이슬람 근본주의자들의 조직도 있습니다. 후자에는 파키스탄 정부가 개입해 테러 등을 부추기기도 합니다. 그래서 인도 정부는 이런 조직들을 테러 조직들로 규정하고 인도령 내부의 반인도 세력을 무력으로 제거할 명분으로 삼죠. 인도−파키스탄의 국경 충돌은 정규군의 교전이고 지금까지 그 수위가 어느 정도 조절이 되는 편이었습니다. 하지만 무장 테러와 무장 진압은 계속 보복으로 이어질 뿐 타협과 조절이 어려워 평화적 해결을 더욱 어렵게 만듭니다.

▶ 중국은 파키스탄에 무기를 제공하는 등 파키스탄과 관계가 끈끈하다. 일대일로 구현에 파키스탄이 필요하기 때문이다. 사진은 '파키스탄의 날' 열병식에 참가한 중국군

▶ 러시아(이전 소련)와 인도는 오랜 시간 '믿을 만한 파트너' 관계를 유지하고 있다. 러시아는 인도-파키스탄 분쟁이 일어날 때면 그건 양국이 해결할 문제라며 거리를 두고 있고, 카슈미르는 인도 땅이란 입장이다. 사진은 2024년 정상회담을 위해 만난 모디와 푸틴

불안한 핵무기 경쟁

인도와 파키스탄은 핵무기 보유국입니다. 국제 사회는 이를 불법으로 여기죠. 인도는 1944년부터 핵무기를 개발했습니다. 핵 관련 과학자들을 미국과 영국, 캐나다 등지로 보내 기술을 배워 오게 했습니다. 영국에 지배당하던 시절이 지긋지긋해서 강대국이 되고 싶었던 겁니다. 대국이라 자부하던 자신들이 200년이나 식민지로 있었던 데다 독립 후에도 가난에서 벗어나지 못했습니다. 이런 수치심을 핵무장으로 만회하려는 것이 아닐까 싶습니다.

주목할 것은 미국의 태도입니다. 1968년 인도는 미국이 주도한 핵확산금지조약NPT, Nuclear Non-Proliferation Treaty을 탈퇴합니다. 미국에 반기를 든 것이나 다름없습니다. 이 일로 인도는 미국과 멀어집니다.

그러다 클린턴 대통령이 2000년 인도를 방문하면서 22년 만에 관계가 좋아집니다. 인도를 제재의 대상으로 놓는 것보다 협력의 대상으로 설정하는 게 더 이득이 크다는 계산 때문이었는데요. 2006년 아버지 부시 대통령은 인도 총리와 정상회담을 하고, 인도와 핵 관련 협정도 맺죠. 인도가 보유한 22개의 핵시설 중에 민간 산업용 원자로 14개는 국제원자력기구IAEA의 사찰을 받고, 나머지 8개 군용 원자로는 문제 삼지 않겠다는 약속이었습니다. 아울러 미국은 인도에 핵 관련 기술을 제공하고 원자로까지 공급하기로 하죠. 이는 미국 스스로가 국내법과 NPT 조약을 위반한 것입니다. 이란·북한은 핵무기 개발 의혹만으로 강력히 제재하면서, 인도에는 특혜를 주며 핵 보유를 사실상 인정한 것이죠. '버티면 결국 핵무기 보유국이 된다'는 나쁜 선례를 남긴 겁니다.

미국은 인도에 왜 이렇게 했을까요? 중국을 견제하기 위해 인도를 이용하고 있는 것이죠. 더욱이 인도는 인구가 많아 잠재적인 경제 가치가 크고, 민주주의를 채택하면서 미국에 우호적이기도 하니까요. 이런 미국의 전략은 영국의 이이제이식 분할 통치와 근본적으로는 비슷합니다.

원수 같은 인도가 핵무기를 보유하자 파키스탄은 마음이 급해졌습니다. 인도에 맞서기 위해 핵무기를 개발하기 시작하죠. 줄피카르 알리 부토Zulfikar Ali Bhutto 총리는 기독교인도 핵무기를 갖고, 유대인도 갖고, 힌두교도도 갖는데, 왜 무슬림만 안 되느냐고 반문하면서 아래와 같이 비장하게 말합니다.

"인도가 핵폭탄을 가지면, 천 년 동안 풀과 잎사귀만 먹을지언정 파키스탄도 핵을 가지고 말 것이다."

파키스탄은 카슈미르를 놓고 벌인 전쟁에서 인도에 여러 번 패하면서 인도의 군사력을 실감합니다. 부토의 지휘 아래 '파키스탄 핵의 아버지'로 불린 압둘 카디르 칸Abdul qadeer khan 박사가 주축이 되어 본격적인 핵무기 개발에 들어갑니다. 중국은 인도를 견제하기

▶ 국제 사회는 인도-파키스탄 분쟁이 일어날 때마다 불안하다.
두 국가 모두 핵무기를 갖고 있기 때문이다. 파키스탄은 이슬람
국가 중 최초로 핵무기를 보유했다. 사진은 2024년 파키스탄의
날에 진행된 군사 퍼레이드 중 일부

위해 파키스탄의 핵무장을 측면에서 지원했습니다. 파키스탄은 나중에 미국의 지지까지 얻어내는데, 1979년 소련군이 아프가니스탄을 침공했을 때 파키스탄이 미국의 아프가니스탄 지원군들에게 기지를 제공한 대가였죠.

1988년 파키스탄은 핵무기 개발에 성공합니다. 당시 파키스탄이 핵무기를 가질 수 있느냐 없느냐는 미국의 허용 여부에 달려 있었는데, 미국은 인도에 그랬던 것처럼 NPT 원칙을 어기면서까지 파키스탄의 핵무기 보유를 눈감아 줍니다. 파키스탄을 통해 당시 아프가니스탄을 지배한 소련을 견제하려는 목적이었죠.

이런 속내는 소련이 아프가니스탄에서 철수하자마자 미국이 파키스탄을 제재하기 시작했다는 점에서 분명히 드러납니다. 미국은 이후에도 자신들 이익에 따라 허용과 제재를 반복합니다. 1998년에 파키스탄이 핵실험을 하자 제재했다가 2001년 9·11 테러가 터지자 다시 허용해 줍니다. 미국이 탈레반을 공격할 수 있게 파키스탄이 도왔기 때문이죠.

[더 읽기]

영화 〈호텔 뭄바이〉

영화 〈호텔 뭄바이〉는 파키스탄의 이슬람 근본주의 테러 조직인 라슈카 에 타이바Lashkar-
e-Taiba가 인도 경제 중심지인 뭄바이에서 저지른 테러를 모티브로 삼은 것입니다. 2008년
11월 26일부터 29일까지 라슈카 에 타이바 조직원 10명은 뭄바이에 해상으로 잠입한
후 5개 조로 나뉘어 외국 관광객을 비롯한 민간인들을 무차별로 살상합니다. 조직원 1명
만 생포되고, 나머지는 모두 사살되었습니다. 일명 '뭄바이 연쇄 테러'로 불린 이 사건으
로 195명이 죽고, 350명이 부상을 당하죠.

이 사건은 인도-파키스탄 분쟁이 아직도 끝나지 않았음을 생생히 보여 줍니다. 특히

▶ 영화 〈호텔 뭄바이〉 스틸 컷

인도와 파키스탄이 경쟁적으로 핵실험을 하고 핵무장을 공식화한 이후 양국 사이에서 무력 분쟁이나 전쟁이 언제든지 일어날 수 있음도 경고합니다.

어떤 영화 평론가는 이 영화가 테러 조직의 잔인성만 부각하고 영국이나 인도의 책임은 드러내지 않은 점을 아쉬워했습니다. 이 영화는 영미권 자본으로 인도의 협력을 얻어 제작됐습니다. 모든 사태의 중심에 있는 영국이 영화에서는 보이지 않는 이유죠. 테러를 정당화할 수는 없습니다. 하지만 정치적 입지를 갖지 못하고 고립된 상황에서는 테러에 의존할 수 있음도 반드시 짚어 봐야 하지 않을까 싶습니다.

왜 쿠르드족은 국가를 세울 수 없었을까

튀르키예 — 쿠르드 분쟁

튀르키예-쿠르드 분쟁도 좀처럼 해결책을 찾기 어려운 분쟁 중 하나입니다.

튀르키예와 쿠르드의 분쟁은 말 그대로 튀르키예 공화국(이전의 터키)과 쿠르드 저항군 사이의 분쟁을 말합니다. 이 싸움은 도대체 어디서부터 시작된 걸까요?

'국가 없는 최대 단일 민족'

먼저 쿠르드족에 대해 알아보겠습니다. 쿠르드족은 '국가 없는 최대 단일 민족', '중동의 집시'로 불립니다. 튀르키예·이란·이라크·시리아 등 중동 지역에 3천만여 명이 서로 다른 국적을 가진 채 흩어져 살고 있다고 합니다. 중동 지역을 넘어 그리스·조지아·러시아 등 유럽과 일본 등지에도 극소수가 살고 있습니다. 사실 여러 나라에 흩어져 집단촌(쿠르디스탄이라고 한다. '쿠르드족의 땅'이라는 뜻)을 이루어 살아가기 때문에 인구를 정확히 파악할 수는 없습니다. 그럼에도 중동에서 아랍인, 이란인, 튀르키예인 다음으로 인구가 많은 민족임은 분명하죠. 이 중 절반이 튀르키예에 삽니다. 이유가 뭘까요? 쿠르드족은 인종, 역사적으로 이란과 관련이 깊습니다. 이란계 산악 민족이죠. 그래서 이란과 접경 지역인 튀르키예 동부에 많이 거주합니다. 이곳을 주 투쟁 근거지로 삼고요.

▶ 쿠르드족은 고유성을 중시한다. 전통 의상을 입은 쿠르드족 여성

쿠르드족의 가장 큰 특징은 자신들만의 고유성을 지녔다는 것입니다. 이 말은 다른 민족과 어우러져 살지 못한다는 뜻이기도 합니다. 오스만제국 시절에도 그랬죠. 쿠르드족은 종교적으로는 수니파 무슬림이고 고유한 정서와 문화, 언어를 가지고 있습니다. 하지만

● 수니파

이슬람교는 크게 시아파와 수니
파로 나뉜다. 수니파가 전체 무
슬림의 80~90퍼센트를 차지한
다. 시아파와 수니파는 이슬람
교 창시자 무함마드 계승자를
누구로 보느냐에 따라 갈린다.
수니파는 공동체가 뽑은 대표자
를 계승자로 여기는데, 시아파
는 무함마드의 혈통만이 지도자
가 될 수 있다고 주장한다.

쿠르드족을 규정하는 역사 기록은 아직 없습니다. 역사상 한 번도 국가를 온전히 세운 적이 없기 때문일 것입니다. 방언이 없을 정도로 단일성을 가진 민족인데 정작 국가를 세운 적이 없다니 참 특이합니다. 이들이 왜 흩어져 살게 되었는지 정확한 이유는 알려진 것이 없습니다.

역사에 처음 등장한 쿠르드족은 12세기에 제3차 십자군을 물리치고 예루살렘을 점령한 살라딘Saradin 이집트 술탄입니다. 살라딘은 아이유브 왕조를 창건해 이집트를 포함한 중동에 대제국을 건설했죠. 1250년 아이유브 왕조가 망한 이후 쿠르드족은 셀주크제국과 그 후 들어선 오스만제국의 지배를 받습니다.

쿠르드족은 거주하는 국가의 동화 정책을 단호히 거부해 왔습니다. 세계적으로 단일 민족 국가는 드뭅니다. 인도, 캐나다, 스위스 등만 해도 그 안에 여러 민족이 공존해 살고 있습니다. 하지만 쿠르드족은 민족주의 성향이 강해 자기들끼리 모여 사는 자치 지역이나 국가를 원하는 겁니다. 거주하는 국가와 갈등을 빚을 수밖에 없죠.

쿠르드 문제를 '제2의 팔레스타인 분쟁'이라고도 합니다. 국가 없이 여기저기 흩어져 살고 있는 것이 팔레스타인 난민과 다르지 않다는 것이죠. 하지만 팔레스타인 사람들은 비록 나라는 없어도 아랍 민족의 후원과 지원을 받습니다. 쿠르드족은 어떤 국가의 지원도 받지 못하고 있고요. 이렇다 보니 독립이라는 자신들의 목표를 관철하기 위해 그야말로 외롭고, 때때로 거친 싸움을 하고 있죠. 오 죽하면 쿠르드 속담에 "우리의 친구는 산밖에 없다"는 말이 있겠습 니까. 주로 쿠르드족이 고원이나 산악 지대에서 살아 생긴 말이기 는 하지만 다른 나라들로부터 고립된 역사를 말해 주는 관용적인 표현이기도 하지요.

2025년 3월 현재 쿠르드족의 자치권을 인정해 준 나라는 이라크 가 유일합니다. 이라크 쿠르드족은 2003년 미국을 도와 사담 후세 인 정권이 무너지는 데 기여합니다. 그로 인해 미국과 좋은 관계를 맺고, 2006년에는 이라크 연방의 일원이 되어 자치 정부를 출범시 키는 데 성공하죠. 이라크 안팎이 혼란스러운 상황이 아니었다면, 이 또한 가능하지 않았을지 모릅니다.

독립을 미끼로 악용한 강대국들

쿠르드족은 독립을 열렬히 바랐습니다. 이 갈망을 다른 나라들이 이용해 왔죠. 어떻게 이용했는지 살펴보겠습니다.

1880년대 오스만제국 내 쿠르드 족장 셰이크 우베이둘라Sheikh Ubeydullah는 당시 이란(카자르 왕조)이 내부적으로 불안정한 틈을 타 이 란 서부의 쿠르드족을 규합해 들고일어납니다. 초반에는 이기다가 결국 오스만제국과 이란 연합군에 패합니다. 그럼에도 우베이둘라의 봉기는 이후 쿠르드 독립 운동에 큰 영향을 끼치죠.

쿠르드족은 오스만제국이 1차 대전에서 패하자 독립을 다시 염원합니다. 더욱이 연합국 리더이자 국제연맹을 창설한 미국 대통령 우드로 윌슨Woodrow Wilson이 반식민주의와 민족자결주의民族自決主義를 주장했기 때문이죠. 실제로 1920년 연합국과 오스만제국이 체결한 세브르 조약을 보면, 쿠르드족에 자치권을 주기로 돼 있었습니다. 하지만 오스만제국은 이 약속을 지키지 않았을 뿐만 아니라 1923년에 로잔 조약을 다시 체결합니다. 이 조약에서는 쿠르드족 얘기가 아예 빠지죠.

이렇게 된 것은 영국 탓입니다. 영국은 쿠르드족에게 주기로 했던 땅에 대규모 유전이 있다는 사실을 알고는 그 땅을 영국령으로 편입해 버립니다. 그뿐만 아니라 영국과 프랑스 등 주요 연합국은 오스만제국이 해체된 후 쿠르드족이 세운 국가를 무효화해 버립니다. 이라크 쿠르드족이 세운 쿠르디스탄 왕국(1922~1924년)과 튀르키예 쿠르드족이 동부 지역에 세운 아라라트 쿠르드인 공화국(1927~1930년)이 그 나라들이죠.

소련도 쿠르드족을 이용합니다. 2차

● 민족자결주의
각 민족은 자신의 정치적 운명을 스스로 결정할 권리가 있으며, 이 권리는 다른 민족의 간섭을 받지 않고 행사할 수 있다는 내용이다. 이 사상은 식민지 국가들이 독립을 꿈꾸게 했고, 우리나라 3·1 운동에도 영향을 끼쳤다.

● 세브르 조약과 로잔 조약
세브르 조약Treaty of Sèvres은 1차 대전 직후인 1920년 프랑스 파리 근교의 세브르에서 연합국과 오스만제국이 체결한 조약이다. 패전국 오스만제국의 영토 분할에 대한 내용을 담고 있다. 로잔 조약 Treaty of Lausanne은 1923년 스위스 로잔에서 연합국과 오스만제국이 다시 맺은 조약이다. 오스만제국의 국경을 다시 확정한 것이 주 내용이다. 오스만제국에서 튀르키예로 국명이 바뀌는 계기가 된다.

▶ 쿠르드족은 미국, 소련을 비롯한 여러 나라에 자주 이용당했다. 사진은 소련이 잠시 세웠다 무너뜨린 쿠르드족의 '마하바드 공화국' 선포 장면

대전 직후 소련은 이란 북부를 점령하고 쿠르드족의 국가인 '마하바드 공화국'(1946년 1월 22일~1947년 3월 31일)을 세웁니다. 소련은 정말 쿠르드족의 독립을 돕고 싶었던 것일까요? 아닙니다. 이란과 유리하게 협상하기 위해 잠시 도운 척했을 뿐이죠. 마하바드 공화국은 불과 1년여 뒤 소련이 이란과 협정을 맺고 철수하면서 막을 내립니다. 마하바드 공화국은 이란이 공격하자 소련에 군사 지원을 요청했지만, 소련은 외면해 버리죠. 이란은 쿠르드족을 무참히 학살했습니다.

　1972년 쿠르드족은 이라크에 자치 정부를 세울 수 있게 돕겠다는 이란과 미국의 약속을 믿고 이라크와 3년 동안 싸웁니다. 이 전쟁 역시 미국과 이란에 이용당한 경우입니다. 당시 이란의 팔레비 왕조는 친미 정부였고, 이라크와 국경 분쟁을 하고 있었습니다. 이라크의 후방을 교란하기 위해 쿠르드족을 이용한 것이죠. 미국과 이란이 무기와 자금을 대고 쿠르드족은 독립을 기대하며 열심히 싸웠습니다. 하지만 이란은 이라크와 협상을 맺어 분쟁을 끝냈고, 쿠르드족의 독립 문제는 모른 척했습니다.

비극은 여기서 끝나지 않았습니다. 1980년부터 이란과 전쟁 중이었던 이라크의 사담 후세인은 쿠르드족이 이란을 도울 것을 염려해 1988년 안팔(Anfal, 《코란》의 8장 1절에 나오는 단어로 '성스러운 전쟁의 전리품'이란 뜻)이라는 비밀 작전을 펼칩니다. 쿠르드족을 화학무기로 학

● 이라크는 1988년 3월 16일 이라크 쿠르드족 자치구 할라브자Halabja를 화학무기로 공격한다. 이곳에서만 5천여 명이 학살당했다. 안팔 작전의 일환이었다. 사진은 1988년 이란에서 출간된 사진집 《할라브자에서의 화학 학살에 대한 사진 보고서》 표지 사진

살하고 마을도 파괴해 버리죠.

　1991년에도 비슷한 사건이 벌어집니다. 미국은 쿠웨이트를 침공한 이라크와 걸프 전쟁을 벌였는데, 이때도 쿠르드족이 미국을 지원합니다. 미국은 사담 후세인을 축출하기 위해 이라크에서 봉기가 일어나게 부추깁니다. 이 일을 쿠르드족이 주도하죠. 계획은 성공합니다. 후세인 정권이 무너집니다. 하지만 미국은 또다시 쿠르드족의 공로를 외면하고 종전 후 독립을 지원하지도 않았습니다.

　21세기 들어서도 쿠르드족은 강대국들에게 이용당합니다. 일례로 2003년 미국은 '테러와의 전쟁'이란 명분으로 이라크를 침공했을 때 또 쿠르드족에게 손을 내밉니다. 자신들을 도우면 튀르키예 내에 자치 지역을 주겠다면서요. 하지만 미국은 또 약속을 지키지 않았고, 되레 튀르키예의 반발만 삽니다. 주변 아랍 국가 누구도 쿠르드족 편에 서 주지 않았고요.

　독립 국가 건설이라는 쿠르드족의 오랜 염원은 강대국들의 농간과 이익 다툼으로 이렇게 번번이 무산되었고, 유엔조차 이들 편이 되어 주지 않았습니다.

　쿠르드족의 비극은 IS 격퇴 과정에서도 반복됩니다. 미국은 IS를 물리치는 데 시리아 쿠르드족을 이용했습니다. 15만 명이 동원되었고, 1만 1천 명 이상이 전사했죠. 쿠르드족은 미국을 위해 열심히 싸웠고 공을 세웠습니다. 그 과정에서 미국의 동맹이라는 지위를 얻어 미국 내에서 쿠르드족의 발언권이 강해지기도 했습니다. 뉴욕과 워싱턴 등 주요 도시에서 튀르키예의 쿠르드족 공격을 반대하는 시위가 일어나기도 했죠. 하지만 이 정도 영향력으로는 독립 국가를 세울 수 없었습니다.

쿠르드족의 대표적인 저항 조직이 쿠르디스탄 노동자당PKK, Partiya Karkerên Kurdistan입니다. 미국과 유럽연합EU은 PKK를 테러 조직으로 간주합니다. 그런데 IS 격퇴에 협력한 시리아의 쿠르드 민병대 YPG, Yekîneyên Parastina Gel에게는 우호적입니다. 물론 튀르키예는 YPG도 PKK 일부라고 주장하지만요. 그래서 IS 격퇴 후 미군이 철수하자마자 시리아 쿠르드족 지역을 공격합니다. 이것은 미국의 묵인이 있어 가능했습니다. 튀르키예 대통령 레제프 타이이프 에르도안 Recep Tayyip Erdoğan이 트럼프에게 전화로 공격 의사를 밝혔을 때 별 반응이 없었다고 하죠. 이번에도 쿠르드족은 미국에 이용당한 것이죠.

자원을 탐내는 국가들

🌐 **세속주의**
사회에서 종교의 영향력을 줄이려는 정치적 태도나 종교와 사상이 분리되어야 한다는 주장을 말한다.

오스만제국이 무너진 후 튀르키예에 공화국이 들어섭니다. 튀르키예는 세속주의를 내세웁니다. 튀르키예의 강력한 국가주의 정책은 오랫동안 잠재되었던 쿠르드족의 민족주의에 불을 붙입니다. 튀르키예는 쿠르드족이 정체성을 고집하지 않고 동화할 것을 요구했지만, 쿠르드족은 이를 정체성 말살과 독립 불가론으로 인식했던 것이죠.

1920년대 초기에 튀르키예는 세속주의를 내세워 쿠르드족 고유의 언어, 의복 등을 금지합니다. 초대 대통령 무스타파 케말 아타튀르크Mustafa Kemal Atatürk는 자국의 모든 민족이 튀르키예어를 사용하도록 강제했고, 당연히 쿠르드어 사용을 금지했죠.

튀르키예가 세속주의를 내세우자 쿠르드족은 본격적으로 독립 운동을 펼쳤고 그 일환으로 1978년 PKK를 조직합니다. PKK는 쿠르드족 독립을 주장하며 테러를 일으키고 폭력 시위도 벌였습니다. 그로 인해 튀르키예에서 반쿠르드 감정이 점점 더 깊어졌습니다. 2013년 튀르키예와 쿠르드족은 휴전 협정을 맺지만, 이후에도 무력 충돌은 계속됩니다.

튀르키예는 법질서와 정치 안정을 위협하는 자에게 중형을 선고하고 가혹하게 처벌합니다. 쿠르드족의 독립 운동 조직들은 상당한 탄압을 받습니다. 쿠르드족 출신 국회의원들도 쿠르드족의 존재를 언급하면 면책 특권을 받을 수 없을 정도였죠. 국가 통합을 가로막는 분리주의자로 기소당하는 일이 빈번했고요.

튀르키예뿐만 아니라 대부분 나라가 쿠르드족이 국가를 건설하는 것에 반대합니다. 그 이유 중 하나는 쿠르드족이 거주하는 지역에 자원이 많기 때문이에요. 영국과 프랑스 등의 서유럽 국가와 인근 아랍 국가 등이 서로 그 자원을 차지하려고 다투고 있죠. 앞서 영국이 유전 때문에 쿠르드족에게 주기로 한 땅을 주지 않은 것도 한 예입니다.

또 쿠르드족이 거주하는 지역이 전략적 요충지인 경우가 많아 독립을 바라지 않는 것이죠. 그래서 앞에서 살펴본 것처럼 미국, 러시아, 이란, 이라크, 시리아 등은 자신들의 전략과 이익에 따라 쿠르드족을 이용했다 버렸다를 반복하는 겁니다.

국가를 세우기엔
너무 많은 부족

물론 쿠르드족이 독립 국가를 세우지 못하는 데에는 내부 문제도 있습니다. 쿠르드족은 무려 부족이 500개가 넘습니다. 여느 무슬림 공동체처럼 부족주의 성향이 강해 근대적이고 중앙집권적인 국가를 이루기가 매우 어렵습니다. 주로 3~4천 미터가 넘는 고원이나 산악 지대에 거주하면서 목축과 유목 생활에 의존하기 때문에 더 그렇습니다. 지형이 험하니 부족끼리 연결이 어렵고, 중앙정부의 통치가 미치기도 힘드니까요.

이런 상황이다 보니 자력으로는 정치적 독립과 경제적 자립이 어렵습니다. 그래서 외부 세력과 손을 잡고 독립을 추진하려고 합니다. 자신들의 고통을 세계에 알려 동정과 지지를 얻기 위해 테러라는 수단을 동원하기도 하는데, 이것은 역효과만 불러일으키죠.

앞서 언급했듯이 쿠르드족의 자치권을 인정한 유일한 국가가 이라크입니다. 공화국 설립 이래 쿠르드 저항군과 계속 싸우고 있는 튀르키예로서는 이라크에서 독립 국가를 건설하는 것이 이 싸움을

▶ 쿠르드족은 부족이 많은 데다 주로 고원이나 산악 지대에 흩어져 살아 건국이 어렵기도 하다. 사진은 쿠르드 부족 중 하나인 하우라미Hawrami족 거주지인 팔랑안 마을Palangan village. 2021년에 유네스코 세계유산으로 등재되었다.

끝낼 해결책일 수 있다고 여길 것입니다. 하지만 쿠르드족의 생각은 다른 듯합니다.

"옷 단추 하나라도 넘겨주는 일은 없을 것이다."

이라크 쿠르드족 지역의 리더 메수트 바르자니Mesut Barzani의 말입니다. 튀르키예를 향한 쿠르드족의 저항이 얼마나 집요한지 짐작하게 하죠. 이유와 사정이 있더라도 튀르키예-쿠르드 분쟁의 본질은 튀르키예가 쿠르드족을 탄압하고 있고, 쿠르드족은 이에 저항하면서 무장 투쟁을 벌이고 있다는 사실입니다.

시리아에서
전쟁은
끝난 걸까

시리아 내전

시리아 내전은 2011년 3월부터 시작돼 2024년 12월 끝났습니다. 이 전쟁은 왜 일어났고, 무엇을 남겼을까요?

시체로 돌아온 아이들

시리아는 1963년 군인들이 쿠데타를 일으켜 집권합니다. 이들 중 하페즈 알아사드Hafez al-Assad가 1970년부터 대통령이 되죠. 2000년에 하페즈가 사망하자 그의 아들 바샤르 알아사드Bashar al-Assad가 바통을 이어받습니다. 바샤르가 2024년 12월 반정부군에 쫓겨날 때까지 부자가 50년 가까이 독재 정치를 합니다.

내전의 발단은 2011년 3월 시리아 남부의 작은 도시 다라Daraa에 사는 10대들이 학교 담벼락에 "의사 선생님, 이젠 당신 차례야"라고 쓴 사건입니다. '의사 선생님'은 2007년 7월 집권한 바샤르를 말하죠. 안과 의사였거든요. 당시 중동에서는 2010년부터 튀니지를 시작으로 훗날 '아랍의 봄'이라 불린 민주화 운동이 일기 시작했습니다. 독재 정권을 향해 시민들이 들고일어난 거죠. 아이들은 이번 차례는 시리아 독재자라고 썼던 겁니다.

경찰은 아이들을 체포했고, 배후를 밝히라며 혹독하게 고문합니다. 어떤 아이들은 참혹한 모습의 시체로 돌아오죠. 이를 안 다라 시민들이 거세게 항의하자 경찰은 강경하게 진압합니다. 항의 시위는

▶ 시리아 민주화 운동에 불을 붙인 낙서. "의사 선생님, 이젠 당신 차례야"라고 쓰여 있다.

수도 다마스쿠스를 거쳐 전국으로 퍼집니다.

　정부가 군용기, 탱크까지 동원해 시민들을 학살하자 군대 안에서도 반감을 품는 군인이 늘어납니다. 결국 이들은 정부군에 등을 돌리고 시민군에 합류하죠. 대표적인 사람이 공군 대령 리야드 알아사드Riad al-Assad입니다. 그는 탈영병과 시위대를 모아 시리아 자유군SFA, Syria Free Army을 만듭니다. 이제 반정부군도 무장 조직을 갖추게 된 것이죠. 그리고 민주화 운동은 내전으로 전환됩니다.

　당시 국제 사회는 시리아의 민주화 운동을 의외로 받아들였습니다. 아사드 부자가 국민을 오랫동안 철저히 통제해 왔기 때문이죠. 특히 비밀경찰을 이용한 주민 통제는 악명이 높았습니다. 그래서 국제 사회는 아랍 국가 중 시리아가 가장 늦게 아랍의 봄의 영향을 받으리라 예측했던 거죠.

내전에서 종교 전쟁으로

그런데 내전이 묘하게 흘러갑니다. 아랍 세계에서 흔히 볼 수 있는 종파 분쟁으로 번진 거지요. 시아파와 수니파 분쟁으로 말입니다. 시리아는 인구의 약 70퍼센트가 수니파인데 집권층은 시아파였습니다. 지배받는 수니파가 지배하는 시아파에 맞서는 구도가 됐습니다. 이 때문에 시리아 내전은 민주화 운동과 종교 전쟁이 섞이는 성격을 띠게 됩니다.

아사드 정권은 시아파 종주국인 이란이 돕고, 반정부군은 수니파 종주국인 사우디아라비아가 지원합니다. 여기에 아사드의 오랜 우방국 러시아까지 가세하죠. 수니파 테러 조직인 IS가 내전을 틈타 시리아 북동부를 점령하면서 반정부군 진영에 끼어들고요. 정부가 반정부군으로부터 수도(다마스쿠스)를 지키기 위해 북동부 지역의 정부군을 수도로 이동시켰는데, IS가 바로 그 지역을 점령해 버린 거죠.

미국은 아랍의 민주화 운동 지원이라는 명분을 내걸고 시리아 반정부군 중 하나인 시리아 민주군SDF, Syria Democracy Force을 지원합니다. 반정부군 중 하나라고 한 이유는 반정부군이 하나가 아니기 때문입니다. 내란 중 분열돼 여러 반정부군이 등장하게 됩니다. 이 내용은 뒤에서 더 다루겠습니다.

SDF에 대해 더 설명하면, 여기는 쿠르드족을 비롯해 아랍인, 시리아인 등으로 구성되어 있습니다. 쿠르드 민병대YPG가 주도했고요. 이 때문에 튀르키예는 SDF도 테러 조직으로 규정했습니다. 미국이 SDF를 지원한 이유는 IS 때문입니다. 비록 IS가 시리아에선 반정부군 진영에 속해도 미국에게는 격퇴 대상이니 SDF를 이용해 물리치려고 한 것이죠.

튀르키예와
이스라엘의 참전

또 시리아 내전에서 빼놓을 수 없는 국가가 튀르키예와 이스라엘입니다. 먼저 튀르키예에 대해 말하면, 튀르키예가 시리아 내전에 개입한 가장 큰 이유는 쿠르드족을 견제하기 위해서입니다. 이를 위해 2011년 7월부터 튀르키예는 반정부군 중 하나인 시리아 자유군 SFA을 군사적으로 지원하기 시작하죠. 2016년부터는 반정부군을 돕는다는 명분으로 직접 참전하고요.

참전 배경은 이렇습니다. 앞서 말했듯이 쿠르드족은 반정부군 조직 중 SDF에서 주로 활약했습니다. 이들은 미국으로부터 무기를 지원받아 IS를 격퇴하는 데 큰 공을 세웁니다. 그 대가로 쿠르드족은 IS가 차지했던 시리아 북동부 지역을 차지하게 되는데, 시리아 영토의 30퍼센트에 이릅니다. 튀르키예는 시리아 쿠르드족이 튀르키예의 쿠르드족과 연대해 더 세력을 키울까 봐 내전에 개입한 것입니다. 그런데 2017년 트럼프가 시리아에서 완전히 발을 뺌으로써 쿠르드족과 SDF는 궁지에 몰리죠. 튀르키예는 미국과 러시아의 묵인 아래 쿠르드족을 공격합니다.

이스라엘은 이란을 견제하기 위해 틈만 나면 시리아 정부군을 공격했습니다. 시리아가 헤즈볼라를 비롯한 반이스라엘 무장 조직들에게 거점을 제공하고 있었으니 반감이 늘 있었죠. 이런 데다 3차 중동 전쟁의 결과로 시리아의 골란고원을 점령하고 있었기 때문에 시리아 정부군이 승리할 경우, 이곳이 위협당할 수 있다고 판단했을 겁니다. 이스라엘은 시리아 내전이 길어지길 바랐겠죠. 전쟁에 참여한 모든 세력이 전부 약해지는 것을 최고의 시나리오로 생각했을 겁니다.

이처럼 시리아 내전은 여러 나라의 이해가 복잡하게 얽혀 국제전의 양상을 띠게 되죠.

정부군을 돕는
이란과 러시아

시리아 내전이 무려 13년이라는 장기전이 된 원인 중 하나가 서구 제국주의입니다. 제국주의란 강대국이 약소국을 지배하는 것을 말합니다. 여느 중동 국가들처럼 시리아도 오랫동안 오스만제국 땅이었습니다. 오스만제국이 무너진 뒤 국제연맹 뜻에 따라 강대국 프랑스가 1923년부터 46년까지 20여 년간 시리아를 지배합니다. 그런데 이 기간에 프랑스는 다수인 수니파를 견제하기 위해 일부러 소수인 시아파가 집권하게 돕습니다. 그리고 집권한 시아파는 독재를 이어 갔죠. 시리아의 민주화 운동은 수십 년간 억눌려 온 수니파의 불만이 폭발한 것이라고도 볼 수 있습니다.

물론 시리아 사람들이 들고일어난 이유 중에는 경제적인 어려움

● 테러 지원국

미국 국무부가 "국제 테러 행위에 반복적으로 지원한 국가"로 규정한 국가들을 말하는데, 시리아·이란·북한·쿠바가 그 나라들이다. 시리아의 경우 하마스를 비롯한 팔레스타인 무장 조직 등을 지원했다는 이유로 테러 지원국이 되었다. 미국의 우방인 이스라엘을 공격하는 조직을 지원한 것에 대한 보복이라고 할 수 있다.

도 있습니다. 미국이란 강대국이 1979년부터 2025년 3월 현재까지 시리아를 테러 지원국이라며 불이익을 주었으니까요. 당시 시리아는 미국의 경제 제재로 힘든 데다 흉년까지 이어져 경제가 거의 붕괴 직전이었습니다.

장기전이 된 또 다른 원인은 앞서 언급했듯이 IS 외에도 개입한 외부 세력이 너무 많았기 때문입니다. 하나씩 살펴볼게요. 먼저, 이란입니다. 이란은 시아파의 종주국답게 시아파인 시리아 정권이 무너지지 않길 바랐습니다. 이란은 수니파의 종주국이자 친미 국가인 사우디아라비아와 지역의 '대장' 자리를 놓고 경쟁하고 있었습니다. 이란은, 이란의 테헤란–이라크의 바그다드–시리아의 다마스쿠스–레바논의 베이루트를 연결하는 이른바 '시아파 벨트'를 구축해 사우디아라비아를 포위하는 것이 오랜 소망이었죠. 시리아가 만약 수니파의 수중에 들어가기라도 한다면 이 꿈은 물거품이 되겠죠. 그래서 이란은 시리아에 무기를 공급하고 레바논의 군사 조직인 헤즈볼라도 보내 시리아 정부를 돕습니다. 내전 초 러시아로 도망갈 궁리를 할 만큼 열세에 몰렸던 아사드는 이란의 지원 덕분에 큰 위기에서 벗어납니다.

그다음 러시아를 살펴보겠습니다. 러시아는 아사드 부자와 오래 동맹을 맺었고 이들에게 무기도 지원했습니다. 푸틴이 시리아 정부

▶ 바샤르(왼쪽)와 푸틴. 2024년 12월 정권이 몰락한 후 바샤르는 가족들과 함께 러시아로 망명했다. 그 정도로 시리아 정부와 러시아는 오랫동안 긴밀한 관계였다.

를 도운 데에는 다른 이유도 있습니다. 러시아는 시리아의 타르투스항에 해군 기지를 두었습니다. 타르투스항은 러시아가 옛날이나 지금이나 한결같이 갖고 싶어 한 얼지 않는 항구, 즉 부동항인 데다 중동과 지중해를 넘볼 수 있게 하는 전략적 요충지입니다. 또한 시리아에서 반정부군이 정권을 잡을 경우 유럽으로 가스관을 연결할 가능성이 큰데, 이렇게 되면 러시아-유럽의 가스 공급망이 타격을 입을 수도 있습니다. 이런 배경에서 러시아는 아사드 정권을 적극적으로 도왔습니다. 국제 사회에는 IS 격퇴를 명분으로 내세웠지만 말이죠.

시리아 내전

미국과 서유럽이
손을 뗀 이유

미국은 오바마 정부 이래 고립주의를 내세웠습니다. 고립주의는 자국의 이익이나 안보와 직접적인 관련이 없는 타국의 갈등이나 문제에는 가능한 한 간섭하지 않겠다는 외교 정책 기조를 말하죠. 쉽게 말해 엔간해서는 다른 나라의 일에 끼어들지 않겠다는 것입니다. 이 때문에 시리아를 비롯한 중동에서 미국의 존재감은 약해지고 그만큼 러시아의 영향력은 커졌습니다.

물론 미국과 서유럽이 시리아 내전에서 한발 물러난 데에는 IS 영향도 있습니다. 반정부군을 돕는 것이 IS를 키우는 꼴이 되기 때문이죠. 반정부군과 IS 모두 정부군에 맞서니, 반정부군을 지원하면 IS에도 유리해질 테니까요. 미국과 서유럽에 IS가 어떤 존재인가요? 수많은 테러를 저질러 궤멸시켜야 할 세력이잖아요. 결국 미국과 서유럽은 점점 더 반정부군을 소극적으로 지원하게 됩니다.

2019년 시리아 민주군SDF이 IS를 격퇴합니다. 앞에서도 언급했듯이 내전이 길어지면서 시리아 반정부군은 분열합니다. 정부군과도 싸우고, IS와도 싸우면서 노선 차이가 생겨 버린 것이죠. 반정부군은 서로에게 총구를 겨눌 정도로 사이가 틀어집니다. 반정부군에는 SDF, SFA 외에 HTS도 있습니다. 카타르와 사우디아라비아의 지원을 받는 HTSHay'at Tahrir al-Sham는 2017년에 만들어진 수니파 이슬람 근본주의 무장 조직으로, 이후 반정부군 중 가장 강한 세력이 됩니다. 이것은 민주화 운동을 이끌던 초기 세력이 이들에게 밀려났음을 의미합니다. 미국은 HTS를 테러 조직으로 여기죠. HTS 주도자들이 9·11 테러를 터뜨린 알카에다와 관련 있기 때문입니다. HTS 때문에 미국과 서유럽은 시리아 내전에 손을 뗍니다.

아사드도, HTS도 싫다

영화 〈사마에게〉를 아시나요? 내전이 길어지면서 시리아가 얼마나 황폐해졌는지, 그곳에서 더는 살 수 없어 얼마나 많은 사람이 목숨을 걸고 시리아를 떠났는지 생생하게 보여 준 다큐멘터리입니다. 시리아 내전으로 50만 명이 넘게 죽고, 1천만 명 이상이 난민으로 떠돌고 있지요. 사실 사망자 수는 정확히 모릅니다. 유엔이 40만 명까지만 통계를 내고 말았으니까요.

내전이 지속되면서 시리아인 대부분이 튀르키예, 요르단, 이라크, 레바논 등으로 몸을 피했습니다. 유엔아동기금UNICEF은 내전으로 2만 명에 가까운 어린이가 사망했다고 밝혔습니다. 로마교황청의 시리아 주재 대사 마리오 제나리Mario Zenari 추기경은 시리아에서 자행되는 폭력을 고발하면서 시리아에 대한 국제 사회의 무관심을 규탄했습니다. "희망이 사라지지 않게 해 달라"고 호소하면서요.

더는 잃을 것도 없는 현실에 코로나19 팬데믹과 러시아-우크라

▶ 프랑크푸르트 오스타펜에 있는, 시리아 난민 아일란 쿠르디 추모 벽화(painter: Justus Becker & Oguz Sen). 쿠르디는 그리스로 가려다 고무보트가 전복돼 죽었다. 당시 세 살이었다. 이날 엄마와 형도 죽었다. 해변에 떠밀려 온 쿠르디 모습은 전 세계를 큰 슬픔에 빠뜨렸고, 유럽에서 난민을 적극적으로 받아들이는 계기가 되었다.

이나 전쟁까지 덮치면서 시리아 내전은 국제 사회에서 점점 더 잊혔습니다. 일부 시리아인들은 러시아 용병으로 참전했다고 하지요. 일자리가 없어 허기를 채우려고 수백 달러의 임금을 받고 다른 전쟁으로 향한 겁니다.

그런데 끝날 것 같지 않던 전쟁이 2024년 12월 8일 마침내 끝납니다. HTS가 수도 다마스쿠스를 장악한 겁니다. 아사드는 러시아로 달아났습니다. 하지만 시리아에 남아 있던 사람들이든 난민으로 떠돌다 시리아로 돌아오는 사람들이든 시리아인들은 아사드 정권도 싫지만 HTS도 탐탁지 않습니다. 아사드 일가가 러시아로 망명한 후 아사드 잔당들이 HTS 중심의 연합 과도 정부를 습격한 일이 있습니다. HTS는 바로 보복했죠. 이 과정을 지켜본 시리아 사람들은 충격을 받습니다. 잔당이었다고는 해도 그들 역시 시민이었으니까요. 이 사건이 얼마나 끔찍했으면 다른 반정부군들과 시리아 인구의 10퍼센트를 차지하는 기독교인들이 정부군 지지로 돌아서려고 했겠습니까. 국제 사회는 이 사건을 알고도 모른 척했습니다. 겨

▶ 2024년 12월 8일 시리아에서 네 번째로 큰 도시 하마를 점령한 후 환호하는 HTS 조직원들. 하지만 시리아 시민들은 HTS 역시 달갑지 않다. 이슬람 근본주의 조직인 데다 시리아 사람들을 학살한 일도 있기 때문이다. HTS 집권 이후 시리아는 어디로 흘러갈까.

우 들어선 연합 정부가 흔들리면 안 된다고 여긴 거죠.

　아사드 정권이 무너진 후 시리아가 어떻게 될지는 지켜봐야 합니다. 시리아 쿠르드족과 튀르키예 관계에도 주목해야 하고요. 미국의 철수와 묵인으로 지원 세력을 잃은 쿠르드족은 튀르키예에 공격당할 가능성이 크니까요. 튀르키예의 에르도안 대통령은 자국에서 일어나는 테러의 배후 세력으로 시리아 쿠르드족 무장 세력을 지목하면서 공격을 공언한 바 있습니다. 튀르키예가 계속 쿠르드를 공격하면 쿠르드족은 IS를 가둔 수용소 경비를 중단할 수밖에 없고, 그렇게 되면 어렵게 격퇴한 IS가 다시 부화할 가능성도 있습니다. 쿠르드족이 그간 관리해 온 IS 포로수용소는 30개 이상이고, 수용 인원은 1만 명이 넘습니다.

　시리아 사람들은 민주화를 위해 투쟁을 시작했는데, 독재 정권이 무너진 후 집권한 세력이 하필 HTS입니다. 앞으로 시리아는 어떻게 될까요.

아랍의 봄

'아랍의 봄'은 2010년과 2011년에 중동과 북아프리카에서 일어난 민주화 운동을 말합니다. 2010년 튀니지에서 시작되었고, 그 후 곧 북아프리카와 중동의 다른 국가로 번져 갔습니다. 그 결과 튀니지(지네 엘 아비디네 벤 알리 대통령), 이집트(무함마드 호스니 엘사이예드 무바라크), 리비아(무아마르 카다피), 예멘(알리 압둘라 살레)의 독재 정권이 무너졌죠. 42년간 리비아를 통치한 세계 최장기 독재자 카다피는 하수구에 숨어 있다가 시민군에 발

▶ 아랍의 봄은 오래가지 못했다. 독재자들의 장기 집권 탓에 민주주의 세력이 싹트고 성장할 기회를 얻지 못한 것이 가장 큰 원인으로 분석된다. 사진은 아랍의 봄으로 몰락한 독재자들

카다피
(리비아, 사살당함)

무바라크
(이집트,
하야 후 사망)

살레(예멘,
정권 이양 후
암살당함)

벤 알리
(튀니지,
망명 후 사망)

각돼 총살당하는 비참한 최후를 맞죠. 민주화 운동은 바레인, 시리아 같은 나라로도 이어졌습니다.

아랍의 봄은 기본적으로 오랜 독재 정권에 맞선 반정부 시위였지만, 2007~2008년 세계 식량 위기의 영향도 받았다고 할 수 있습니다. 먹고살기 어려워져 국민이 들고일어난 거죠. 하지만 아랍의 봄은 튀니지만이 유일하게 민주주의를 정착시키고, 나머지 국가들은 실패합니다. 대부분 국가가 정부군과 반정부군 간의 내전 상태로 접어들었습니다. 2022년에는 튀니지에서조차 독재 정권으로 돌아갈 조짐을 보였습니다.

9

군부가 계속
집권하는 이유가
무엇일까

미얀마 내전

● 학자들은 10세기 이전 버마 족을 '므란마'로 불렀을 것으로 추측한다. 여기서 '므'가 '브'로 교체돼 므란마 → 바마 → 버마로 변천해 갔으리라 본다.

미얀마의 옛날 국명은 버마였습니다. 버마는 여러 민족으로 구성되어 있는데, 그중 가장 비중이 큰 버마족의 이름을 따서 지은 거죠. 1989년에 여러 민족을 통합한다는 의미에서 국명을 '미얀마 연방 공화국'으로 바꾸었습니다. 하지만 일각에서는 미얀마가 버마에서 기원한 말인 데다 군사 정부(이하 군부)가 일방적으로 정한 국명이라 오히려 거부감을 드러내기도 합니다. 군부는 버마가 영국 식민지 시대의 잔재이고, 버마족 외의 다른 소수민족을 아우르지 못한다며 미얀마를 국명으로 삼고 있죠.

하지만 군부를 인정하지 않는 미국을 포함한 일부 나라에서는 아직도 버마란 국명을 쓰고 있고, 버마 민주화 운동의 상징인 아웅산 수치 역시 버마로 불러 달라며 호소하기도 했죠.

독립 이래 내전 상태

미얀마는 인도차이나반도(베트남·라오스·
캄보디아·태국·미얀마·말레이시아)의 서북쪽에
있는 나라로 영토는 동남아시아에서 대

필자는 '정부·언론 외래어 심
의 공동위원회' 결정에 따라 버
마 대신 미얀마, 아웅산수찌 대
신 아웅산수치로 표기했다.

국이라 할 수 있는 태국보다 더 큽니다. 다른 동남아 국가들처럼 기
후가 따뜻하고 천연자원도 풍부한 곳이지만, 세계에서 가난한 나라
중 하나입니다. 불교가 강세라 승려도 아주 많습니다. 흥미로운 것
은 종교에 기부하는 것이 일상화되어서 재산 대비 세계에서 가장
기부를 많이 하는 나라로 뽑힙니다.

미얀마는 인구의 70퍼센트가 버마족이고 샨족·친족·몬족·카친
족 등 다양한 소수민족이 30퍼센트를 차지합니다. 종족만 다른 것
이 아니라 서로 언어와 문화도 크게 달라 종족 간의 갈등이 끊이지
않습니다. 이 때문에 1948년 영국에서 독립한 직후부터 지금까지
중앙정부의 통치를 받는 곳보다 소수민족 반정부군의 통제 아래 있

네팔 부탄 중국

인도 방글라데시 미얀마

친족

카친족

버마족

네피도 ★

로힝야족 양곤 ●

태국 카얀족

벵골만 카렌족 캄보디아 베트남

몽족

타이만

말레이시아

▶ 다양한 소수민족이 살고 있는 미얀마

는 곳이 더 많습니다. 국제 사회가 미얀마를 독립 이래 내전 상태에 있다고 보는 이유죠.

미얀마는 1824년부터 1948년까지는 영국의 지배를 받았고 1942년부터 45년까지는 일제의 지배를 받았습니다. 2차 대전에서 패한 일제가 물러난 뒤에 다시 영국이 지배했고요. 그러니까 미얀마는 거의 120년간 영국의 지배를 받은 것이죠. 당시 미얀마의 독립 운동을 이끌었던 아웅산 장군은 독립 후 국가 재건을 준비하던 중에 반대 세력에게 암살당했습니다. 그리고 아웅산이 주축이 돼 만든 정당 반파시스트 인민자유동맹AFPFL, Anti Fascist People's Freedom League이 총선거에서 승리해 서구식 민주 정부가 들어서죠. 하지만 2차 대전 후 탄생한 대다수 신생 국가들처럼 민주주의를 제대로 정착시키지 못하고 소수민족끼리 갈등하면서 경제 혼란까지 겪습니다. 그러다 1962년 네윈Ne Win이 쿠데타를 일으켜 기나긴 군부 시대로 들어섭니다.

수치를 제거하지 않은 이유

네윈 군부는 1988년까지 26년간 집권합니다. 네윈은 주요 기업과 자원을 국유화해 시민의 몫을 착취하는 경제 구조를 만들었죠. 폐쇄적인 경제 정책 결과, 세계 경제에서 고립되고요. 당연한 귀결처럼 결국 경제는 무너지고, 지하경제와 암시장만 활성화됩니다. 독재와 경제난으로 국민의 분노는 점점 깊어졌죠. 마침내 1988년 8월 8일, '8888항쟁'이 일어납니다. 학생과 승려들을 주축으로 수많은 시민이 군부 퇴진과 민주화를 요구합니다. 미얀마에서 일어난 첫 민주 항쟁이었죠.

하지만 군부는 미동도 하지 않았습니다. 세대를 바꿔 가며 독재를 유지했죠. 시민의 자유를 억압하는 것은 물론이고 민족과 종교 집단을 분열시켜 갈등하게 했지요.

미얀마의 민주화 과정에서 빼놓을 수 없는 인물이 바로 아웅산수치Aung San Suu Kyi입니다. 수치는 미얀마 독립의 영웅인 아웅산 장군의 딸입니다. 어린 시절 인도 대사였던 어머니를 따라 뉴델리에서 살았고 이후 영국에서 공부했습니다. 영국에서 외국인 남편과 평범한 삶을 살았는데 1988년 위독한 어머니를 보러 잠시 귀국했다가 군부에 신음하는 조국을 외면하지 못하고 민주화 운동에 투신하죠.

8888항쟁 당시 정부는 저항하지 않는 시민들까지 무차별로 학살했습니다. 수천 명이 죽습니다. 군인이 자국민에게 총구를 겨누다니 얼마나 끔찍한 일입니까. 항쟁 결과 네윈은 물러나지만, 군인들이 다시 쿠데타를 일으켜 정권을 쥐죠. 군부는 더 악랄해집니다. 아웅산수치도 집 밖으로 못 나오게 가택연금을 해 버리죠. 수치는 20여 년 만인 2010년에야 풀려납니다.

사실 군부는 수치를 제거하고 싶었습니다. 하지만 어렵게 가라앉힌 사람들의 분노에 다시 기름을 붓게 될까 봐 집에 가두는 선에서 멈춘 것이죠. 1991년 수치는 노벨평화상을 받습니다. 군부가 출국

▶ 8888 항쟁 당시 한 학생이 군인들에게 함께할 것을 호소하고 있다.

을 허용하지 않아 남편과 아들이 대신 상을 받지요.

힘을 못 쓴 문민정부

시민들은 계속 저항합니다. 2007년 8월 다시 민주화 운동이 일어
납니다. 이른바 '샤프란 혁명'이죠. 샤프란은 승복 색인데, 이 색을
떠올릴 정도로 승려들이 주축이 된 투쟁이었죠. 그도 그럴 것이 미
얀마는 국민의 약 90퍼센트가 불교도입니다. 샤프란 혁명은 군부
가 연료 판매 가격 보조금을 폐지하면서 일어났습니다. 군부가 연
료의 유일한 공급자였는데, 보조금을 주지 않으면서 버스용 압축
천연가스 가격을 비롯해 가스 가격이 폭등한 것이죠. 이에 대한 항
의로 승려와 시민들은 비폭력 행진을 합니다. 하지만 이번에도 얼
마 못 가 군부에 제압당하고 말죠.

　시민들의 저항이 계속되자 군부도 한발 물러납니다. 2008년부
터 자유선거를 실시합니다. 무늬만 자유선거지, 실제로는 부정선
거였지요. 군부가 지지하는 통합단결발전당USDP, Union Solidarity and
Development Party이 압승합니다. 하지만 군부도 국제 사회의 눈치를 보
지 않을 수는 없었습니다. 결국 2008년 새 헌법을 만들죠. 대통령
간선제, 시장경제 체제, 정당제 민주주의 등을 표방합니다. 그런데
의회 의석의 25퍼센트를 군에 자동 할당하게 돼 있어 그 외의 내용
은 사실 치장에 불과했습니다.

▶ 미얀마 민주화 운동의 상징인 아웅산수치. 사진은 1995년 가택연금 상태에서 집 밖의 지지자들에게 연설하는 모습

군부는 이 헌법에 근거해 2010년 처음으로 총선을 치릅니다. 군부가 지지하는 USDP가 압승합니다. 형식적이긴 하지만 이 총선을 기점으로 군부는 공식적으로 해산합니다. 2011년 문민정부(직업 군인이 아닌 일반 국민이 수립한 정부)가 들어섭니다. 물론 군부는 문민정부 뒤에서 계속 통치하고 있었죠. 직접 통치가 아닌 '간접 통치'라는 꼼수를 부린 것뿐입니다.

구체적으로 어떻게 통치했는지 살펴볼게요. 정부는 군에게 협조를 요청할 수 있을 뿐 어떤 통제력도 행사할 수 없었습니다. 군은 언제든지 쿠데타를 일으킬 수 있고, 쿠데타를 빌미로 삼아 정부를 압박해 움직일 수 있는 구조였습니다. 개헌은 불가능했습니다. 개헌하려면 의원 75퍼센트를 확보해야 하는데 의원의 25퍼센트를 군에서 쥐고 있으니 현실적으로 어렵죠.

아웅산수치는 2010년 연금에서 해제되었고, 2012년 보궐선거에서 국회의원에 당선됩니다. 2015년 총선에서 수치가 이끄는 민주주의민족동맹NLD, National League for Democracy이 과반이 넘는 의석을 차지합니다. 이번에는 웬일인지 군부가 이를 인정하고 정권을 이양합니다. 이 문민정부에서 수치는 외무부 장관과 대통령 대변인을 맡습니다. 왜 대통령이 되지 못했을까요? 배우자가 외국 국적인 사람은 대통령이 될 수 없다는 헌법 조항 때문입니다.

● 미얀마의 국회의원 임기는 5년이다. 대통령은 간접선거로 선출되는데, 의회 내 대통령 선거인단에서 총선 후 90일 안에 뽑는다.

군은 2020년 11월 총선에서도 패배하자 다시 움직입니다. 수치는 군에 유리하게 돼 있던 헌법을 개정하려고 했습니다. 앞서 말했듯이 의석의 25퍼센트를 군이 자동으로 갖게 돼 있기 때문이죠. 개헌안이 통과될 경우, 군의 영향력은 약해지겠죠. 그러자 2021년 2월 군이 다시 쿠데타를 일으킵니다. 국가비상사태를 선포하고, 진보적인 인사들을 구금합니다. 쿠데타에 반대하고 민주화를 요구하는 시위대를 무력으로 진압할 뿐만 아니라 무자비하게 살해했습니다. 더는 평화 시위가 어려워지자 시민들은 군대를 조직했습니다. 정부군과 시민군 간의 내전이 시작된 것이죠. 시민들은 4번의 쿠데타를 겪으면서 군부를 끝낼 방법은 무장 투쟁밖에 없음을 인식한 것입니다.

2021년 4월, 군부가 강제로 축출한 입법자들과 국회의원 등이 국민통합정부NUG, National Unity Government of Myanmar를 구성합니다. 그리고 미얀마의 유일한 합법 정부임을 선포하면서 국제 사회에도 인정해 줄 것을 요구하죠. NUG는 2022년 9월 군부에게 선전포고를 하고, 소수민족 무장 조직과 연대하면서 세력 확장에 나섰습니다. 미얀마에는 지역마다 시민들이 만든 방위군이 존재합니다. NUG 국방부는 이들을 규합해 지휘 체계를 하나로 만들려고 노력하고 있습니다.

앞서 말했듯이 사실 미얀마는 1948년 영국에서 독립한 이후 소수민족의 무장 조직과 군부가 계속 내전을 벌여 왔다고 해도 과언이 아닙니다. 소수민족들은 민족 자치를 허용하는 연방제를 원했지만 묵살당했죠. 소수민족 무장 조직은 50여 개에 이른다고 합니다. 그런데 군부뿐 아니라 잠깐 들어선 문민정부도 이들을 반란군으로 규정했다는 것입니다. 군부는 국경을 관리한다는 명분으로 이들을 진압하곤 했죠. 문민정부가 들어선 이후에도 자신들의 존재감과 실권을 보여 주기 위해 소수민족들을 이용했습니다. 수치의 NLD 문민정부도 군부의 로힝야족 학살 등 소수민족 탄압을 막지 못하고 도리어 외면함으로써 국제 사회의 비난을 받았습니다.

NUG는 연방제를 미얀마 사회의 새로운 비전으로 제시했습니다. 지금의 싸움에서 승리해 군부가 퇴진하면 소수민족들의 오랜 염원대로 미얀마를 연방제 국가로 만들겠다는 약속입니다. 하지만 약속이 지켜질지는 지켜봐야 합니다.

2025년 3월 현재도 미얀마는 내전 중입니다. 군부가 미얀마 전체를 장악하지는 못한 상태입니다. 대체로 군부는 도시에 주둔하고 있고, 시골 지역은 시민군이 우세한 상황이라고 합니다. 지금 미얀마에 가장 필요한 것은 무기와 자금입니다. 특히 구호 물품 지원이 절실합니다. 군부가 파괴한 것은 민주주의뿐만 아니라 경제와 민생이기 때문이죠. 현재 미얀마 1인당 GDP는 10여 년 전 수준으로 후퇴했습니다. 이마저도 정확한 통계는 아닙니다. 훨씬 더 낮을 수도 있습니다.

외로운 투쟁

국제 사회는 미얀마 내전에 손을 놓고 있는 상황입니다. 주변 국가들은 계산기만 두드리면서 미얀마가 안정되기를 바란다는 영혼 없는 성명만 남발했습니다. 지금은 이런 관심조차 엷어져 미얀마는 외로운 투쟁을 하고 있습니다. 2021년에 군이 다시 쿠데타를 일으켰을 때만 해도 세계의 관심이 집중되었습니다. 태국 국경으로 몰려드는 난민들의 상황이 알려졌으며 구호의 손길도 이어졌죠.

러시아-우크라이나 전쟁이 발발한 이후 이러한 관심은 급속히 식어 버렸습니다. 구호 활동가들도 우크라이나로 몰려가 버렸고, 난민들의 삶은 더 궁핍해졌죠. 유엔 인권이사회에 따르면, 2022년 9월 현재 미얀마에서는 난민 130만 명이 발생했고, 집 2만 8천 채가 파괴됐다고 합니다.

미얀마 내전은 다시 한번 유엔의 R2PResponsibility to Protect 문제, 즉 '보호책임' 문제를 불러일으켰습니다. 보호책임은 2005년 유엔에서 채택한 원칙으로, 억압적인 정권이 자국민을 상대로 집단 학살이나 인종 청소 등의 반인류적인 범죄를 저지르면 독립 국가의 주권을 침해하더라도 인권 보호 차원에서 강제적으로 개입할 수 있다는 원칙을 말합니다. 2011년 리비아의 독재자 카다피가 반정부 세력을 상대로 전쟁을 벌이자 유엔 안보리 승인을 얻어 나토가 무력 개입을 한 것이 대표적인 예지요. 당시 미국도 바로 이 보호책임 원칙을 꺼내 들고 항공모함을 지중해에 보냈죠.

수치는 유엔 사무총장(안토니우 구테흐스)에게 서한을 보내 보호책임을 촉구했습니다. 하지만 상임이사국(중국·프랑스·러시아·영국·미국) 입장이 서로 달라 보호책임을 적용받기는 어려워 보입니다. 중국이

▶ 2021년 다시 군부가 들어서자 '세 손가락 경례'로 항의
하는 시민들. 세 손가락 경례는 영화 〈헝거 게임〉에서 따온
것으로, 태국과 아울러 미얀마 민주화 운동의 상징이 되었
다. 미얀마 시민들에게 세 손가락은 '선거, 민주주의, 자유'
를 뜻한다. 하지만 시민들의 목숨을 건 투쟁에도 국제 사회
는 점점 더 미얀마 내전에 무관심해지고 있다.

거부권을 행사할 것이 분명하기 때문이죠. 중국은 네윈 시절부터 미얀마 군부와 관계가 밀접했습니다. 미얀마는 경제적으로 중국에 의존하고 있고, 미얀마의 석유와 가스는 중국으로 갑니다. 또한 미얀마는 중국의 일대일로 계획의 핵심 파트너이기도 합니다. 중국은 남부 윈난성과 미얀마의 라카인을 잇는 '중국-미얀마 경제 회랑(경제 개발이 목적인 지역 간의 연결망)'을 만들어 인도양으로 향하는 통로로 삼으려고 합니다. 8888항쟁 이후 경제를 개방하면서 중국 의존도를 낮추려는 시도가 있었지만 역부족이었습니다. 2021년 쿠데타로 집권해 전 세계의 비난을 받은 군부는 더욱 중국에 기울어질 수밖에 없으며, 중국은 국제 사회의 비난에도 이런 군부의 약점을 활용해 영향력을 유지하려고 할 것입니다.

물론 미얀마 군부도 미·중 패권 경쟁 같은 국제 정세를 자신들에게 유리하게 활용하려고는 했습니다. 중국에 지나치게 의존하는 것을 줄이려고 개혁·개방을 시도했고, 민주화 운동의 상징인 수치를 전면에 내세움으로써 서유럽의 지원을 노렸지요. 하지만 바람대로 되진 않았습니다. 로힝야족을 학살해 국제 사회의 비난을 받으면서 서유럽의 지원을 못 받게 된 데다 2020년 선거에서도 패배했으

니까요. 군인들은 계획대로 되지 않자 다시 쿠데타를 일으키고 수치를 끌어내린 것으로 보입니다.

미국은 이런 군부의 행태를 비난하지만 실제로는 군부에 무관심하다고 봐야 할 것 같습니다. 중국을 비난할 일이 있을 때만 군부를 거론하는 정도니까요. 군부는 미국에게 얻어낼 것이 없다고 봐야겠지요.

유엔 역시 미얀마 내전을 우려한다는 성명만 내놓고 있습니다. 군부는 이마저도 내정 간섭이라고 반발하고요. 국제 사회는 경제 제재라는 조치만 취할 뿐입니다. 하지만 북한이나 이란, 러시아의 경우만 봐도 알 수 있습니다. 경제 제재만으로 정권을 무너뜨릴 수는 없습니다. 실제로 군부는 경제 제재에 끄떡도 하지 않습니다. 그도 그럴 것이 1970년대 네윈 시절부터 고립주의를 택해 왔기 때문이죠. 더욱이 경제 제재로 가장 큰 고통을 겪는 건 군부가 아니라 국민입니다.

유엔 사무총장(안토니우 구테흐스)은 동남아시아 국가연합ASEAN에 미얀마 문제를 해결하라고 떠넘겼지만, 별 소득이 없습니다. 미얀마 군부를 회원국에서 축출하자는 강경한 목소리가 나오긴 했지만, 정식 안건으로 오르지는 못했습니다. 아세안 역시 '내정 간섭 불가'라는 원칙을 고수하고 있기 때문이죠.

> 🌐 **동남아시아 국가연합**
> 동남아시아 국가들의 경제·사회·문화 발전을 위해 협력하는 기구다. 1967년 태국 방콕에서 창설되었고, 현재 회원국은 브루나이·캄보디아·인도네시아·라오스·말레이시아·미얀마·필리핀·싱가포르·태국·베트남 10개국이다.

하지만 이런 원칙 자체보다는 다른 분쟁과 마찬가지로 미얀마 분쟁도 여러 국가의 이해관계가 얽혀 있어 해결이 쉽지 않은 겁니다. 태국만 해도 군부가 집권하고 있고, 캄보디아·베트남·라오스 등도 군인들의 영향력이 크니, 매우 소극적인 태도를 보이는 거죠.

미얀마 내전은 시리아 내전과 닮았습니다. 민주화 운동에서 무장 투쟁으로 전환된 점, 종교·민족 등의 요인으로 시민들이 나뉜 점, 주변국은 물론이고 세계 열강의 이해관계가 얽힌 점이 그렇습니다. 게다가 유엔을 비롯한 국제기구의 무력한 대응이나, 자국에 직접적인 이익이 없는 일에는 소극적인 미국의 태도마저 같지요. 국제 사회는 특히 미국이 러시아-우크라이나 전쟁에는 적극적으로 개입하는 반면, 시리아 내전과 미얀마 내전에는 무관심을 넘어 방관한다며 비판합니다. 미얀마가 시리아처럼 되지 않게 하려면 지금이라도 국제 사회가 적극적으로 문제 해결에 나서야 할 것입니다.

그나마 대한민국 정부는 아시아에서 유일하게 미얀마 시민들에게 지지를 보냈습니다. 미얀마의 민주화 과정이 한국의 역사와 닮았기 때문이죠. 1940년대 외세로부터 독립하고, 1960년대 군사 쿠데타가 일어나 군부가 장기 집권을 했으며, 1980년대 민주화 운동이 일어난 점 등이 비슷한 거죠.

현재 미얀마의 민주화 운동을 이끄는 세대는 과거 8888항쟁의 주역인 1세대들보다는 민주주의를 누려 본 이들입니다. 이 때문에 이들은 쉽게 물러나지 않을 겁니다. 당연시하던 일상을 잃어버렸기 때문이죠. 민주화에 성공한 한국을 보면서 더 힘을 내고 있다고 합니다.

하지만 한국도 여느 나라처럼 지지만 보낼 뿐 실질적인 지원은 거의 하고 있지 않습니다. NUG와 관계 맺는 일에도 소극적입니다. 문재인 정부 때는 외교부가 한 차례 NUG와 접촉이라도 했지만, 윤석열 정부에서는 이마저도 없었습니다.

로힝야족 대학살

2017년 8월, 미얀마 군부는 소수민족인 로힝야족 수천 명을 학살했습니다. 국제 사회는 "전형적인 인종 청소"라며 강하게 비판했습니다. 군부는 왜 많은 소수민족 중 로힝야족을 학살한 것일까요?

미얀마 국민 대다수는 불교도인데, 로힝야족은 이슬람교도(무슬림)예요. 하지만 학살 이유가 종교 때문만은 아닙니다. 근본적인 학살의 뿌리는 제국주의에 있습니다.

앞에서도 말했듯이 영국의 식민지 통치 전략은 '분할 통치'입니다. 영국은 미얀마를 지배할 때도 이 전략을 썼습니다. 대다수인 버마족을 관리하기 위해 인도에 사는 무슬림들을 미얀마로 대거 이주시켰죠. 이들에게 토지를 나눠 주고 세금을 깎아 주는 등 여러 혜택을 주었습니다. 머지않아 무슬림들이 상권까지 장악합니다.

무슬림들은 영국이 바라던 대로 버마족을 탄압하는 데도 앞장섰습니다. 자연히 미얀마 사람들은 인도계 무슬림을 증오하고 이들에게 반감을 품습니다. 이런 상황에서 2차 대전 때인 1942년 일본이 미얀마를 침공했을 때 로힝야족이 영국 편에 섭니다. 버마족은 일본 편에 섰고요. 영국은 자신들을 돕는 대가로 전쟁이 끝나면 로힝야족에게 자치 지역을 주겠다고 약속했지만, 지키지 않았습니다.

이런 배경 때문에 미얀마 군부는 로힝야족을 국민으로 인정하지 않습니다. 1982년 미얀마 국민을 '영국 통치 이전부터 거주한 민족'으로 규정하는 법안을 만듦으로써 로힝야족을 제외해 버리죠.

이래 놓고 군부는 로힝야족을 철저히 통제하는 아이러니한 모습을 보입니다. 로힝야족은 아이를 두 명까지만 낳을 수 있고, 국가 허락 없이는 결혼할 수 없으며, 마을 밖으로 나가는 것도 당국의 허락을 받아야 했습니다. 기초교육도 받지 못해 대부분 문맹이고요.

군부는 '외국인'과 '불법 이주자'를 가려낸다는 명분으로 1978년, 1991~1992년 두 차례에 걸쳐 수많은 로힝야족을 미얀마에서 쫓아냈습니다. 급기야 집단 학살을 자행하기에 이릅니다. 2012년에는 무슬림 남성 3명이 불교도 여성을 강간한 뒤 살해했다는 이유로, 2017년에는 로힝야족 무장 조직 아라칸 로힝야 구원군ARSA, Arakan Rohingya Salvation Army이 군경 초소를 공격했다는 구실을 만들어 로힝야족을 참혹하게 학살하죠.

2019년 12월, 아웅산수치는 2017년 로힝야족 대학살 증인으로 국제사법재판소에 출석합니다. 이 자리에서 학살을 부인해 사실상 군부의 손을 들어 줍니다. 국제 사회는 크게 실망했고, 유럽 곳곳에서 수치의 노벨평화상을 취소하라는 시위가 이어졌습니다.

로힝야족은 '세계에서 가장 박해받는 소수민족'이 되어 난민으로 떠돌게 되었죠. 그런데 2021년 쿠데타 이후 로힝야족과 반정부군이 손을 잡는 모습을 보이고 있습니다. 다급해진 군부도 로힝야족에게 손을 내밀었죠. 하지만 반정부군이나 군부 모두 자신들의 집권 정당성을 확보하기 위해 로힝야족을 이용할 뿐 정작 이들의 처우 개선에는 별 관심이 없는 듯합니다. 그만큼 불교도와 이슬람교, 미얀마 국민과 로힝야족 간의 분열이 깊다는 의미일 것입니다.

▶ 미얀마 군부는 로힝야족을 자국민으로 인정하지 않는다. 여러 구실을 만들어 지속적으로 탄압하고 축출했다. 급기야 2017년엔 집단 학살을 자행했다. 2019년 국제사법재판소가 이 사건을 조사했다. 재판소에 출석한 아웅산수치는 학살을 부인함으로써 결국 군부의 손을 들어 주었다. 이 일로 전 세계 많은 사람이 수치에게 준 노벨평화상을 취소해야 한다며 강하게 항의했다. 사진은 2017년 학살을 피해 방글라데시로 탈출한 로힝야족 난민들

10

노벨평화상 수상자는 왜 학살자가 되었을까

에티오피아 내전

에티오피아의 대표적인 특산물이 커피죠. 에티오피아에서는 인간의 발길이 닿기 전부터 커피나무가 자라고 있었고, 자연환경이 잘 보존되고 있어 여전히 커피가 잘 재배된다고 합니다. 전체 인구의 약 25퍼센트가 커피 관련 업계에 종사한다고 하지요.

온 나라에 커피 향이 은은히 배어 있을 듯한 이 아름다운 나라도 내전으로 고통을 겪고 있습니다. 종족 간의 싸움이죠.

서구를 이긴 유일한 국가

구체적으로 어떤 일인지 알아보기 전에 에티오피아가 어떤 나라인지 먼저 살펴보겠습니다. 19세기 말 서구 제국주의가 노린 땅에는 아프리카도 있습니다. 자원이 풍부하고 영토 또한 넓은 에티오피아도 타깃이 되었죠.

에티오피아는 1889년 5월 제국주의 국가 이탈리아와 우찰레 Ucciale 조약을 맺습니다. 우찰레는 에티오피아 북부 도시 이름입니다.

이곳에서 조약을 체결했죠. 이탈리아는 에티오피아를 식민지로 삼고 싶었습니다. 에티오피아는 당연히 반발했죠. 제국주의 국가인 이탈리아가 쉽게 물러날 리 없지요. 에티오피아는 이탈리아와 거래를 합니다. 에티오피아령이었던 북동부 지역 에리트레아를 이탈리아에 넘기고, 나머지 땅에 대해선 독립을 보장받은 겁니다.

당시 두 나라는 이런 내용을 암하라어(에티오피아 공용어)와 이탈리아어 두 버전으로 작성했습니다. 그런데 이탈리아어 버전 내용이 달랐습니다. 에티오피아를 사실상 이탈리아의 보호령으로 삼는다고 적어 둔 거죠. 에티오피아 황제가 이탈리아어를 모르니 꼼수를 부린 겁니다.

뒤늦게 이 사실을 안 에티오피아는 이탈리아어 버전 수정을 요구하죠. 이탈리아는 묵살합니다. 그러자 에티오피아가 우찰레 조약을 철회하겠다고 합니다. 이탈리아는 이를 핑계로 1896년 3월 에티오피아를 침공합니다. 전쟁 초에는 이탈

● 보호령
서유럽 국가들이 아시아와 아프리카 지역에서 식민지를 확장할 때 토착민의 우두머리와 협정을 맺어 자국의 보호 아래 두는 지역을 말한다. 국제법에 따르면 식민국의 일부라서 나라로는 인정받지 못한다.

▶ '커피의 나라' 에티오피아는 영토가 넓고 자원도 풍부해 19세기 서구 제국주의 국가들이 식민지로 삼으려 노리던 곳이다. 하지만 끝끝내 점령당하지 않았다. 에티오피아를 '아프리카의 자존심'이라 부르는 이유다.

리아군이 우세했습니다. 군인 수는 에티오피아보다 적어도 근대 무기를 갖춘 데다 다른 나라를 침공한 경험도 많았으니까요.

하지만 아두와Adwa 지역에서 전세가 역전됩니다. 이탈리아는 에티오피아의 기후와 지형을 전혀 모른 채 침공한 터라 잘못된 판단을 합니다. 결국 안개가 짙게 낀 고지대에서 이탈리아군은 2시간 만에 포위당하죠. 그리고 장군이 생포되는 등 굴욕적인 모습으로 항복합니다.

이처럼 에티오피아는 당시 아프리카 국가 중 유일하게 서구 국가에 맞서 승리했습니다. 아프리카를 자신들의 앞마당이라고 자만하던 유럽 국가들은 큰 충격을 받았죠. 그 결과 에티오피아는 서구 제국주의 국가들이 아프리카에서 합법적인 국가로 인정한 두 나라 중 하나가 됩니다. 나머지 한 나라는 라이베리아입니다.

하지만 이탈리아는 아두와 전투의 치욕을 잊지 못합니다. 이후로도 에티오피아를 끈질기게 괴롭힙니다. 1935년 무솔리니의 파시즘으로 무장한 이탈리아는 또다시 에티오피아를 침공하고 이번엔 승리합니다. 그리고 에티오피아를 '이탈리아령 동아프리카'로 규정하고 식민지로 선포하죠.

에티오피아는 1941년 연합군의 도움을 받아 이탈리아를 몰아내는 데 성공합니다. 그리고 곧 이탈리아에 빼앗겼던 에리트레아를 되찾습니다. 하지만 에리트레아는 독립을 원했습니다. 에티오피아는 이런 요구를 묵살하고 강제로 병합하죠. 이후 에리트레아는 에티오피아와 30여 년에 걸쳐 독립 전쟁을 벌였고, 마침내 1993년 독립합니다.

실세는 총리와 그의 정당

에티오피아는 13세기부터 1974년까지 황제가 지배하는 제국이었습니다. 황제를 중심으로 80개의 크고 작은 종족으로 이루어진 연방제 국가였죠. 각 종족은 자치권을 누렸습니다.

그러다 1974년 9월, 공산주의자인 군인들이 쿠데타를 일으킴으로써 제국 시대가 막을 내립니다. 군부는 1987년 군정을 폐지하고, 민심을 얻기 위해 공화국을 선포하죠. 제1대 대통령은 멩기스투 하일레 마리암Mengistu Haile Mariam입니다. 그는 수많은 자국민을 학살해 아프리카 독재자 중 최악의 독재자로 꼽힙니다. 무늬만 공화국이지 멩기스투 정권의 폭정은 계속됐습니다. 결국 참다못한 이들이 반정부군을 조직해 들고일어납니다. 멩기스투 정권은 1991년에 무너집니다.

2대 대통령은 대표적인 반정부군인 에티오피아 인민혁명민주전선EPRDF, Ethiopian People's Revolutionary Democratic Front 지도자 멜레스 제나위Meles Zenawi가 되었습니다. 멜레스 정부는 1995년에 신헌법을 제정합니다. 대통령과 총리가 함께 국가를 통치하는 이원집정부제二元執政府制를 실시하죠.

이원집정부제에 대해 잠깐 설명하면, 프랑스가 대표적인 이원집정부제 국가입니다. 프랑스식 이원집정부제는 국민이 직접선거로 뽑는 대통령과 의회가 선출하는 총리가 함께 국정을 운영하는 제도

▶ '아프리카 최악의 지도자 7인' 중 하나인 멩기스투. 나머지 6인은 우간다의 이디 아민, 짐바
브웨 로버트 무가베, 수단 오마르 알바시르, 중앙아프리카공화국 장베델 보카사, 소말리아 시
아드 바레, 콩고의 모부투 세세 세코다. 집권하는 동안 멩기스투가 직간접적으로 죽인 국민이
200만 명으로 추산된다. 멩기스투는 반정부 시위를 막기 위해 지프에 기관총을 달아 난사했
다. 반정부 세력을 영장 없이 닥치는 대로 잡아 바로 처형했다. 교회에 몰아넣고 불을 질러 죽
이기도 했는데 사망자 중엔 8~11세의 아이도 많았다. 1천 명이 넘었다고 한다. 멩기스투는
1991년 반정부군에 패해 짐바브웨로 망명했다. 짐바브웨 정부의 보호를 받으며 2025년 3월
현재까지 호의호식하며 살고 있다. 사진은 1977년 자신의 집권에 반대하는 이들에게 화를 내
며 피가 든 병을 던지려는 모습

죠. 총리는 행정부 우두머리가 되어 내정을 펼치고, 대통령은 국가를 대표하는 원수로 타국의 국빈을 맞이하고 해외에 나가 외교를 펼칩니다.

에티오피아의 이원집정부제는 프랑스와 조금 다릅니다. 대통령과 총리 모두 의회에서 선출합니다. 결정적인 차이점은 실질적인 권력이 총리와 각료회의에 있다는 것이죠. 특히 총리 권력이 막강합니다. 총리가 군 통수권도 쥐고 있으니까요. 의회가 대통령과 총리를 선출하니 의원들과 정당의 권력이 어마어마합니다. 총리를 배출한 정당이 자연스레 집권당이 되고요.

멜레스 제나위 총리 시절엔 그가 소속된 티그라이 인민해방전선TPLF, Tigray People's Liberation Front이 집권당이었습니다. 사실 TPLF는 EPRDF를 이루는 정당 중 하나였습니다. EPRDF는 멩기스투 정권에 맞서 만들어진 조직이죠. 각 종족의 자치권을 보장하는 연방제를 주장하던 종족 정당들이 1989년 연합해 만들었습니다. 이 조직은 TPLF를 비롯해 암하라 민주당ADP, Amhara Democratic Party, 오로모 민주당ODP, Oromo Democratic Party, 남에티오피아 인민민주운동SEPDM, Southern Ethiopian Peoples Democratic Movement 4개 정당으로 이루어져 있었습니다.

TPLF를 제외한 이유

그런데 2019년 12월 EPRDF는 공식적으로 해산하고, 새로운 조직인 번영당PB, Prosperity Party을 만듭니다. TPLF를 제하고 나머지 3개 정당만으로 꾸린 거죠. 왜 TPLF를 제외했을까요? 멜레스 제나위가 총리가 되면서 TPLF는 집권당이 됩니다. 이들이 정치를 잘했으면 좋았을 텐데, 멜레스 역시 독재자로 변질됩니다. TPLF는 멜레스가 2012년 사망하고 2018년 실각할 때까지 30년 가까이 독재를 합니다. 그래서 TPLF를 제하고, 번영당을 새로 만든 겁니다. TPLF는 소수임에도 군사력을 앞세워 권력을 독점했습니다. 다른 종족의 주 정부를 강력하게 통제했습니다. 2015년부터 전국 방방곡곡에서 TPLF에 반발하는 시위가 벌어졌고, 이 과정에서 오로모족 시위자 75명이 살해당하는 사건까지 일어나죠. 정부는 국가비상사태를 선포하고 사태를 수습하려고 했지만, 반정부 시위는 걷잡을 수 없이 번져 갑니다. 결국 총리(2대 총리 하일레마리암 데살렌)가 물러났고, 2018년 번영당을 주도한 아비 아머드 알리(Abiy Ahmed Ali, 오로모족 출신)가 3대 총리가 됩니다.

아비 총리는 TPLF를 배제했습니다. 그러자 TPLF가 들고일어나면서 내전이 시작되었죠. 하지만 TPLF 편에 서는 세력은 거의 없었습니다.

아비 총리는 국경을 두고 오랫동안 분쟁해 온 에리트레아를 설득해 평화 협정을 체결합니다. 그 공로를 인정받아 2019년 노벨평화상을 받지요. 하지만 TPLF 본거지인 티그라이주는 이 협상에 격렬하게 반대합니다. 자기들 땅이었던 바드메Badme를 결국 에리트레아로 넘겨주었기 때문이죠. 자신들은 땅을 빼앗겼는데, 오로모족 총

▶ 에티오피아-에리트레아 국경 분쟁 지역 중 하나인 바드메

리는 이 일로 노벨평화상까지 받았으니 얼마나 분했겠습니까. 더욱이 중앙 정치에서 티그라이족의 입지가 더 좁아질 게 뻔했고요.

이런 상황에서 아비 총리는 부패 혐의가 있는 TPLF 고위 인사들을 대대적으로 수사합니다. 티그라이족을 중앙 정치에서 배제할지 모른다는 의심이 사실로 드러나는 듯 보였습니다. 정부와 TPLF 간의 갈등은 2020년 코로나19 팬데믹으로 전 세계가 혼란에 빠져 있을 때 폭발합니다. 아비 정부는 보건 안전을 위해 전국 지방선거를 연기하겠다고 선언했는데 TPLF가 반발하며 독자적인 선거를 치르겠다고 주장한 것입니다. 실제로 2020년 9월 티그라이주는 따로 선거를 치릅니다.

▶ 에티오피아는 여러 종족으로 이루어져 있다. 이 중 TPLF 정당이 장악한 티그라이주와 정부군 사이에 내전이 벌어졌다.

아비 정부는 티그라이주 정부를 불법 군사정부로 규정하고, 재정 지원을 끊는 맞불을 놓습니다. 인터넷과 전화까지 모두 차단해 티그라이족들을 고립시키죠. 그리고 11월 정부군을 투입해 티그라이주의 주도 메켈레Mekelle를 점령합니다. 이후로도 내전은 계속됩니다. 에티오피아는 2021년 5월 총선을 치르고, 석연찮지만 번영당이 압승해 아비 총리가 두 번째 임기를 시작합니다.

아비 정부는 티그라이주에 대한 공격을 멈추지 않죠. 유엔이 보내는 구호물자를 차단하기 위해 유엔 선임 직원들을 추방하고, 국제 NGO가 운영하는 난민촌을 습격하기도 했습니다. '국경없는의사회' 직원 3명이 공격에 사망하는 사건도 일어났죠. 내전이 계속되면서 식량 문제가 심각해지고 전쟁 범죄도 난무하자, 국제 사회는 아비 정부를 강하게 규탄하고 제재하기 시작합니다. 에티오피아에 대한 관세 혜택을 폐지하고, 각종 투자도 중단합니다. 정부 관계자들의 자산도 동결합니다.

2022년 아비 정부와 TPLF는 내전 중단에 합의합니다. 하지만 티그라이족은 이후로도 계속 박해를 당하고 있습니다. 남녀노소 가릴 것 없이 티그라이족이라면 재산을 빼앗기고, 성폭행을 비롯한 무자비한 폭력을 당했습니다. 심지어 살해 후 모독당하는 일까지 벌어졌죠. 에티오피아 공항에서 출입국 심사를 받는 내국인들은 여권이 아닌 종족 신분증을 제시해야 했는데, 티그라이족일 경우 여러 이유를 들어 불이익을 줬다는 증언도 있습니다.

다른 한쪽에서는 티그라이족이 정부군 편에 선 암라하족과 아파

▶ 정부군-티그라이주 간의 내전으로 주도인 메켈레에서만 수천 명이 죽고, 200만 명이 이주했다. 사진은 내전으로 다친 아기를 안고 있는 티그라이족 여성

르족 민간인에게 보복하는 일이 벌어지고 있습니다. 에티오피아는 현재도 서로 죽고 죽이는 악순환에서 빠져나오지 못하고 있습니다.

노벨평화상 수상자라는
학살자

내전에서 보인 행태들로 인해 아비 정부는 국제 사회의 신뢰를 잃었습니다. 인권 침해도 반인도적인 전쟁 범죄를 저지른 사실도 부인하고 있지만, 이미 여러 국가가 거리를 두고 있는 상황입니다. 아비 총리는 특히 미국에 불만을 드러냈죠. 이른바 '테러리스트'인 TPLF와 정식 선거로 선출된 자신들을 같은 잣대로 평가하지 말라며 항변합니다. 또한 이번 내전은 엄연히 국내 문제니, 미국과 서구 국가들이 간섭할 일이 아니라고 주장하죠.

하지만 에티오피아는 국가 재원의 절반을 해외에서 들어오는 원조금으로 충당하고 있어 원조금이 끊기면 국가 운영이 어려워집니다. 영토도 넓고 자원도 많았던 이 나라는 어쩌다 이렇게 다른 나라의 손길로 근근이 살아가는 가난한 나라로 전락한 것일까요? 근본 원인은 종족 갈등에서 시작된 긴 내전에 있습니다. 에티오피아는 국내뿐 아니라 국외 상황도 좋지 않습니다. 수단, 소말리아 등 이웃 국가들과 사이가 좋지 않습니다. 국경 분쟁 때문이죠. 이런 현실에서 에티오피아 난민들이 수단으로 자꾸 넘어가니 수단과는 사이가

▶ 2019년 노벨평화상 수상 소감을 밝히고 있는 아비 총리. 이후 벌어진 내전에서 자국민을 학살한 사실이 밝혀져 국제 사회가 등을 돌리고 있다.

더 좋지 않습니다.

　이런 여러 악조건 때문에 아비 총리는 TPLF와 무기한 휴전을 하기로 합의한 것이죠. 그런데도 TPLF와의 무력 충돌은 계속되고 있고, 그 과정에서 민간인들이 계속 희생되고 있습니다.

　러시아-우크라이나 전쟁이 터지면서 국제 사회의 관심은 러시아, 우크라이나로 향했습니다. 다행히 케냐, 남아프리카공화국, 나이지리아 등 주변 국가들이 에티오피아 내전 종전을 위해 적극적으로 개입하고 있습니다. 이들은 미국과 서유럽 태도가 어떻든 아프리카 문제는 아프리카인들이 해결하자고 주장합니다.

　에티오피아 내전의 가장 슬픈 지점은 노벨평화상 수상자가 자국민을 향해 발포 명령을 내렸다는 사실입니다. 내전으로 사망한 사람이 최대 60만 명이나 된다고 합니다. 전쟁을 시작하고 끝낸 건 정치인들인데, 그 과정에서 회복할 수 없는 상처를 입고 희생당하는 건 늘 국민입니다.

후기

전쟁을 겪지 않은 국가는 거의 없을 것입니다. 인류는 평화를 위해 끊임없이 노력해 왔지만, 싸움은 멈추지 않았습니다.

17세기 서양의 정치철학자 토머스 홉스Thomas Hobbes는 무질서한 상태에서 인간은 자신이 살아남는 것을 최우선시한다고 했습니다. 그 바람에 각자 자신을 지키기 위해 다른 사람과 싸우는 "만인에 의한 만인의 투쟁"이 벌어질 수밖에 없다고 했죠. 이런 상태에서 벗어나려면, 이런 상황을 정리해 줄 모든 권력을 독점한 국가라는 괴물이 필요하다고 주장합니다. 여기서 문제는 국가가 국민의 생존을 위해 필요할 때도 있지만, 오히려 전쟁을 일으켜 국민의 생명을 잃게 만들기도 한다는 점입니다. 국민은 세금을 내고, 군대도 가는 등 자신의 의무를 다했는데, 국가 때문에 억울하게 희생당하는 것이죠.

인간은 왜 싸울까

국가들은 왜 전쟁을 벌이는 걸까요?

먼저, 자원을 놓고 싸웁니다. 인간이 살아가는 데 꼭 필요한 것이 물, 식량, 땅 등입니다. 이런 자원은 한정돼 있습니다. 그렇다 보니 전쟁을 일으켜 더 가지려고 하지요.

종족이 다르다는 이유로도 싸웁니다. 현대 유럽사에서 가장 참혹한 전쟁을 뽑으라면 유고슬라비아 내전입니다. 유고슬라비아는 세르비아족·크로아티아족·보스니아족·슬로베니아족·마케도니아족·헝가리족 등 다양한 종족이 공존하는 연방 국가였습니다. 그러다가 1980년 연방 국가의 강력한 지도자 티토Tito의 죽음 이후 민족주의가 부상하면서 내전이 시작됩니다. 1992년 보스니아 전쟁, 1998년 코소보 전쟁 등 1991년부터 2001년까지 장장 10여 년 동안 내전이 이어집니다. 인종 학살로 수십만 명이 죽고, 수백만 명이 난민으로 떠돌게 됩니다.

국제 질서가 달라져 분쟁이나 전쟁이 일어나기도 합니다. 냉전 시대가 끝난 후 미국은 오랜 시간 국제 사회에서 대장 노릇을 해 왔습니다. 그런데 중국, 러시아 등 경쟁자들이 등장하기 시작한 겁니다. 미국은 예민해집니다. 자신의 자리를 지키기 위해 다른 나라들 사이에서 분쟁이나 전쟁이 일어나게 부추기기도 합니다.

러시아-우크라이나 전쟁도 이 예에 속한다고 할 수 있습니다. 물론 러시아가 침공한 것이지만, 미국은 이 전쟁을 적극적으로 막으려 하지 않았습니다. 왜일까요. 러시아가 이 전쟁에 힘을 써 약해지기를 바라서였을 겁니다. 다른 예로 이란-이라크 전쟁도 있습니다. 이 전쟁은 1980년부터 88년까지 이어졌는데, 중동 전쟁 중에서 가장 많은 사상자를 냈지요. 이 전쟁 뒤에도 미국이 있습니다. 당시 이란이 자국을 중심으로 해서 중동 전체를 이슬람 국가로 만들려고 하자 이를 막기 위해 이라크를 부추긴 것이죠. 이런 한편으로 미국은 이라크가 너무 강해져 중동에서 대장 국가가 될까 봐 이란을 지원하기도 했습니다.

미국의 유명한 정치학자이자 역사학자인 찰스 틸리Charles Tilly 교수는 전쟁이 "조직폭력배들의 범죄"와 비슷하다고 했습니다. 국제 질서도 똑같습니다. 조직폭력배처럼 세계는 최고 보스와 중간 보스, 행동대원으로 나뉠 때가 많습니다. 이런 현실은 우리 바람과 달리 국제 사회가 결코 정의롭지 않다는 사실을 말해 주죠. 어떤 일이 벌어졌을 때 계속 질문을 던져야 하는 이유입니다.

이외에도 전쟁 원인은 많습니다.

▶ 전쟁을 시작하고 끝낸 건 정치인들인데, 그 과정에서 회복할 수 없는 상처를 입고 희생당하는 건 늘 국민이다. 2022년 러시아-우크라이나 전쟁이 일어나기 전의 키이우

한반도는 평화로울까

앞에서 여러 분쟁과 전쟁을 다루었습니다. 우리도 한국전쟁을 겪었지요. 지금도 이 전쟁은 완전히 끝나지 않았고요. 단지 정전 상태이니까요. 한반도는 1953년부터 2025년 3월 현재까지 70여 년 동안 분단 상태로 있습니다.

　남북은 정전 상태를 유지하기 위해 계속 만나고, 대화를 나누었습니다. 박정희 군부부터 문재인 정부까지 대화가 끊긴 적은 없었습니다. 오직 윤석열 정부에서만 어떤 대화나 접촉이 없었죠. 베트남 전쟁을 돌아보며 미국의 전 국방부장관 로버트 맥나마라Robert McNamara는 다음과 같은 조언을 했지요.

"미국과 베트남의 전쟁은 양측 지도자가 더 현명하게 행동했더라면 피할 수 있었던 전쟁이었다는 점입니다. 우리가 대화의 교훈을 바르게 배운다면, 미래에 이와 같은 전쟁은 막을 수 있을 겁니다. 내가 가장 중요하다고 여기는 교훈을 두 가지 말씀드리고 싶습니다. 하나는 우선 적을 이해하라는 겁니다. 우리는 서로 오해하고 있었습니다. 두 번째는 비록 상대가 적일지라도 최고 지도자끼리 대화, 그렇습니다, 대화를 계속해야 한다는 것입니다. 우리는 그것도 게을리했습니다. 이것이 가장 중요한 교훈입니다."

한반도에서 평화를 유지하려면 계속 대화를 해야 한다는 걸 이 회고로도 알 수 있습니다. 그래야 강대국들의 전장으로 이용당했던 한국전쟁 같은 참담한 비극을 다시 겪지 않을 수 있습니다. 우리는 평화가 아닌, 전쟁이 일시적으로 멈춘 불안정한 상태, 즉 정전 상태에서 살고 있는데도 '평화' 상태에서 사는 줄 착각하고 있습니다. 진정한 평화를 회복할 때까지 방심하면 안 될 것입니다.

화해는 언제 이루어질까

다시 강조하지만, 전쟁을 멈추는 데 가장 중요한 것이 대화입니다. 대화하면서 화해 방법을 찾을 수 있으니까요. 다음은 영국에서 있었던 화해에 관한 이야기입니다.

15세기 아일랜드에서는 크고 작은 성주들이 자신들의 영토를 확장하거나 지키기 위해 계속 전쟁을 벌였습니다. 그중 1492년 아일랜드의 오몬드 가문과 킬데어 피츠제럴드 가문은 아일랜드 부왕 Load Deputy 자리를 놓고 갈등을 벌이다가 전쟁에 이릅니다. 싸움은 갈수록 격렬해졌고, 오몬드 가문은 패전을 거듭합니다. 결국 더는 버틸 수 없게 되자 더블린에 있는 세인트 패트릭 성당으로 피신하죠. 킬데어 가문은 성당을 포위했고, 오몬드 가문 사람들에게 나와서 항복할 것을 요구합니다. 누구도 해치지 않을 것이며, 전쟁 전의 평화로운 상태로 돌아갈 것임을 약속하죠.

하지만 포위된 사람들은 그 말을 믿을 수 없었습니다. 문을 여는 순간 죽임을 당할 거라 여겨 계속 거부하죠. 사실 그런 상황에서 누가 문을 열고 나오겠습니까.

이때 킬데어 가문의 수장 피츠제럴드가 화해의 의사를 보여 주기 위해 대담한 결정을 합니다. 성당 문에 구멍을 뚫고 팔을 집어넣고는 큰소리로 외친 겁니다.

"나를 못 믿겠거든 내 팔을 자르시오."

그제야 오몬드 가문은 그의 진심을 믿고, 성당 문을 열지요. 이후 세인트 패트릭 성당 문을 '화해의 문'으로 부르게 되었습니다.

이 이야기는 화해가 어떻게 이루어지는지 잘 보여 줍니다. 평화는 강자가 먼저 화해의 손을 내밀 때 가능하다는 교훈이죠. 그래야 약자가 제안을 받아들여 평화로운 해법을 고민하게 되니까요.

하지만 최근 국제 사회의 강자들은 이런 행동을 거의 하지 않죠. 그럼 다른 수단이라도 있어야 하는데 그 수단들도 제 역할을 못할 때가 많습니다. 이를테면 유엔을 비롯한 국제기구가 힘을 발휘하지 못하는 것이죠. 국제 사회가 전쟁이나 분쟁이 일어났을 때 억제력을 발휘하지 못하면 앞으로 인류는 더 큰 위기를 맞을지 모르는데 말입니다.

피스메이커들만
바라볼 것인가

심리학 개념 중에 '낯선 사람 효과'라는 것이 있습니다. 친구나 가까운 지인보다는 오히려 처음 만난 사람에게 개인적인 고민을 더 쉽게 털어놓는 경향을 말합니다. 낯선 사람과는 관계 유지에 대한 부담이 없어 더 자유롭게 말할 수 있다는 것이죠.

낯선 사람 효과는 분쟁이나 전쟁을 해결하는 데에도 활용할 수 있습니다. 분쟁 당사국들은 서로 적대하고 불신하기 때문에 아예 대화하려는 시도조차 하지 않을 때가 많습니다. 이때 제3의 중재자가 등장하면 대화의 물꼬가 트일 가능성이 커집니다. 당사국들이 공식적으로 말하기 힘든 조건들을 상대국에 대신 전하며 문제 해결의 실마리를 찾아갈 수 있으니까요.

이런 존재들을 피스메이커Peacemaker라고 하지요. 2024년 12월 타계한 미국 전 대통령 지미 카터Jimmy Carter가 대표적입니다. 카터는 1994년 한반도가 전쟁 위기에 휩싸였을 때 미국 전현직 대통령 중 처음으로 북한을 방문해 김일성 주석을 만납니다. 그리고 전쟁 위기를 해결했을 뿐 아니라 김영삼-김일성의 남북 정상회담 합의까지 이루어 냈죠.

국제 사회는 이런 피스메이커들에게만 기댈 것이 아니라 분쟁이

나 전쟁 등 국제 사회에서 문제가 일어났을 때 어떻게 해결해 갈지
머리를 맞대야 할 것입니다.

이미지 출처

분쟁 지역을 읽으면 세계가 보인다

초판 1쇄 발행 2025년 5월 5일
초판 2쇄 발행 2025년 5월 12일

지은이 | 김준형
펴낸곳 | (주)태학사
등록 | 제406-2020-000008호
주소 | 경기도 파주시 광인사길 217
전화 | 031-955-7580
전송 | 031-955-0910
전자우편 | thspub@daum.net
홈페이지 | www.thaehaksa.com

편집 | 조윤형 여미숙 김태훈
마케팅 | 김민선
경영지원 | 김영지

ⓒ 김준형 2025. Printed in Korea.

값 17,500원
ISBN 979-11-6810-352-8 03900

도서출판 날은 (주)태학사의 인문·에세이 브랜드입니다.

책임편집 여미숙
디자인 이유나